# シゴトの韓国語
## 비즈니스 한국어
### 応用編

CD 2枚付

幡野 泉
李 恩周
著

三修社

●**音声ダウンロード・ストリーミング**

本書の付属 CD と同内容の音声がダウンロードならびにストリーミング再生でご利用いただけます。PC・スマートフォンで本書の音声ページにアクセスしてください。

https://www.sanshusha.co.jp/np/onsei/isbn/9784384056693/

# はじめに

　2002年に「日韓ビジネス交流の橋渡し」を理念にスタートした有限会社アイ・ケー・ブリッジは、2004年、「韓国語ネイティブのように、堂々と美しい敬語で礼儀正しく話せること」「韓国関連の仕事をする人々の交流の場に」をモットーとする「シゴトの韓国語講座」を開設しました。その後多くの関係者、受講生、先生方に支えられ、会社設立10周年の2012年に、一つの節目、集大成として『シゴトの韓国語　基礎編』と『シゴトの韓国語　応用編』を出版することができました。これらの書籍には、これまで当社が蓄積した様々な経験やノウハウなどが集約されています。

　当応用編は、簡単な電話応対や韓国人との会食などを目標とした基礎編からレベルがグンと上がり、敬語や伝達文などを駆使した秘書業務、会社紹介や商談などの対外交渉までもを可能とする内容で構成されています。よって、少なくとも「ハングル検定準2級」「韓国語能力試験（TOPIK）4級」程度の語学力が必要となり、また、通訳・翻訳や商談など、後半の章は、TOPIK6級以上の方もお取り組みいただけるでしょう。

　この間、韓国関連の仕事に従事する方々より、「常に会社に置いてあり、ビジネスレターを書く度に見ている」「韓国で仕事をしている友人に送ったら、とても喜ばれた」などのお声を頂戴し、励みにしてまいりました。しかし、ビジネス韓国語の裾野は当講座開設当時に比べ広がったかというと、どうでしょう。相変わらず日本国内のビジネス韓国語の書籍は多くを見ることができず、現場の声を聞いても、英語でのコミュニケーションか、韓国人の日本語に頼っているという場面が多いようです。ビジネス韓国語を発する意義を感じ、ビジネスの現場で韓国語を使ってほしいと切に願っている当社としては、その機運を高める努力が足りないと言わざるを得ません。

　2冊の書籍の出版を新たな契機とし、ここで改めて原点に立ち返り、ビジネス韓国語を駆使する人々の裾野を広げることからまた始めてみようと、強く、改めて決心する次第です。

　これまで当社に関わってくださったすべての方に、心よりお礼申し上げます。

アイケーブリッジ外語学院　代表　幡野　泉

# 目次

**第1章　美しい敬語を話しましょう**　　1
　泉先生のここがPOINT!
　　1　韓国人の日本語に多い「〜してあげます」
　　2　敬語を知ると、韓国文化を知ることができる

**第2章　韓国人の名前を正確に聞き取りましょう**　　13
　泉先生のここがPOINT!
　　1　韓国人の姓
　　2　二文字の姓
　　3　時代別、韓国人に多い名前
　　4　漢字が使われていない名前
　　5　日本人ほど漢字にはこだわらない
　　6　본관（本貫）

**第3章　数字を正確に聞き、話しましょう**　　25
　　固有名詞？　漢数詞？　　33
　　パッチムの数字と連音する「의」　　35
　泉先生のここがPOINT!
　　1　韓国人も紛らわしく感じる「1（일）」「2（이）」
　　2　足す、引く、掛ける、割る

**第4章　アルファベットの聞き取り、外来語の発音のしかたを身につけましょう**　　37
　泉先生のここがPOINT!
　　1　外来語も「韓国語の単語」のひとつ。しっかり調べましょう
　　2　韓製英語や日本語由来の外来語
　　3　韓国語の外来語も変化しています

**第5章　スムーズな電話応対をしましょう**　　49
　泉先生のここがPOINT!
　　1　電話で使う「수고 많으십니다.」「수고하세요.」は？
　　2　「肩書きを教えてください」

**第6章　オフィスでの伝言のしかたを身につけましょう**　　59
　　きっちりとした仕事は言葉遣いから　　69

| 第7章 | ビジネスレターを書きましょう〜業務的レター編 | 71 |

泉先生のここがPOINT!
　　封筒にあて先を書くときは

| 第8章 | ビジネスレターを書きましょう〜社交的レター編 | 85 |

泉先生のここがPOINT!
　1　メールにホッと心温まるひとことを入れてみては？
　2　グリーティングカードや年賀状

| 第9章 | ウィットの利いたことわざ、慣用句を使ってみましょう | 95 |

| 第10章 | プレゼンテーションをしましょう | |
| | （会社紹介、商品・サービス紹介） | 107 |

　　プレゼンテーションは堂々と。「〜と思います」はやめましょう　117

| 第11章 | インターネットを利用し、情報収集をしてみましょう | 119 |

泉先生のここがPOINT!
　1　間違った言葉がヒットすることもある!?
　2　流行語をいち早くキャッチ
　3　会員登録の壁「住民登録番号」
　4　無料配布のタブロイド紙

| 第12章 | 通訳・翻訳を体験してみましょう | 129 |

　　通訳・翻訳の国家資格試験、専門大学院　135

| 第13章 | 会議・商談、契約をしてみましょう | 139 |

泉先生のここがPOINT!
　1　できる、できないはハッキリと
　2　「早い」VS「遅い」、「大胆」VS「慎重」
　3　国際取引の契約書

**解答と日本語訳**　154

# 第1章

## 美しい敬語を話しましょう

　儒教精神が色濃く反映する韓国のビジネスマナー。まず、ビジネス韓国語と切り離すことができない「美しい敬語」について学びましょう。

　敬語というと、「難しい」「口が回らない」というようなイメージがありますが、小さいころから大人に敬語を使うように教育されている韓国では、敬語をきれいに使う子供を多く見かけます。そんな子供を見ると、「きちんと教育されているな」「両親はえらいな」と思いますし、何よりこちらもいい気分になります。

　「敬語」というのは、そんなふうに自ら（または家族や会社）の品位を上げ、相手と気持ちよく会話を交わすためのツールなのです。「美しい敬語」が使えるようになると、あなたの印象はぐーんとアップします！

## 본문 本文

김수미 : 김 과장님, 안녕하십니까? 식사하셨습니까?
김영수 : 네, 먹었어요. 수미 씨는요?
김수미 : 네, 저도 먹었습니다.
그런데 어쩐 일이십니까?
김영수 : 사장님께서는 자리에 계십니까?
김수미 : 거래처에 가셨습니다. 무슨 급한 일이세요?
김영수 : 오늘 중에 결재 받아야 할 서류가 있는데,
어쩌지. 언제쯤 돌아오시나요?
김수미 : 아마 오늘은 바로 퇴근하실 겁니다.
김영수 : 아, 곤란하네….
그럼 내일은 몇 시쯤 출근하세요?
김수미 : 내일이라도 괜찮으십니까?
김영수 : 어쩔 수 없죠, 뭐.
김수미 : 그럼 확인해 보겠습니다.

```
キム・スミ　：　キム課長、こんにちは。お食事されましたか？
キム・ヨンス：　はい、食べました。スミさんは？
キム・スミ　：　はい、私も食べました。
　　　　　　　　ところで、どんなご用件ですか？
キム・ヨンス：　社長は席にいらっしゃいますか？
キム・スミ　：　取引先に行かれました。何かお急ぎの件ですか？
キム・ヨンス：　今日中に決済をいただかなければならない書類があるんですが、
　　　　　　　　どうしようかな。いつごろお戻りになりますか？
キム・スミ　：　おそらく今日は直帰なさると思います。
キム・ヨンス：　あ、困ったなぁ…。
　　　　　　　　では、明日は何時に出勤されますか？
キム・スミ　：　明日でも大丈夫ですか？
キム・ヨンス：　まあ、仕方がないですね。
キム・スミ　：　では確認してみます。
```

## 공략포인트 攻略ポイント

### 1. 尊敬語をマスターしましょう

#### 1) 尊敬を表す -시

活用語の語幹に －(으)시 を付けます。

부장님께서는 지금 회의 중이**십**니다.
部長はいま会議中でいらっしゃいます。

사모님께서 미인이**시**네요.
奥様は美人でいらっしゃいますね。

1시간쯤 후에 돌아오**실** 겁니다.
1時間ほど後にお戻りになると思います。

사장님께서 내일 설명하**실** 겁니다.
社長が明日説明されると思います。

인사이동이 있다는데 들으**셨**어요?
人事異動があるとのことですが聞かれましたか？

최 부장님께서는 조금 전에 퇴근하**셨**습니다.
チェ部長は少し前に退勤されました。

## 2) 単語そのものが変化するもの

動詞や形容詞、名詞のみならず、助詞にも尊敬語があります。

### ①助詞の尊敬語

| -에게 | -께<br>～に | 이번 계약 건에 대해 이미 회장님께 말씀드렸습니다.<br>今回の契約の件について、すでに会長に申し上げました。 |
| --- | --- | --- |
| -이/가 | -께서<br>～が | 좀 전에 사장님께서 회의실로 들어가셨습니다.<br>少し前に社長が会議室へ入られました。 |
| -은/는 | -께서는<br>～は | 박 팀장님께서는 고향이 어디세요?<br>パクチーム長は、故郷はどちらですか? |
| -도 | -께서도<br>～も | 웬만하면 과장님께서도 같이 가시지요.<br>よろしければ課長も一緒に行きましょう。 |

### ②動詞の尊敬語

| 먹다<br>마시다 | 드시다<br>召し上がる<br>飲まれる | 차린 건 없지만 많이 드세요.<br>たいしたものはお出しできませんが、たくさん召し上がってください。<br>아직 시간도 이른데 한잔 더 드시겠습니까?<br>まだ時間も早いですから、もう一杯飲まれますか? |
| --- | --- | --- |
| 먹다 | 잡수시다<br>召し上がる | 할아버지, 진지 잡수셨습니까?<br>おじいさん、お食事召し上がりましたか? |
| 자다 | 주무시다<br>お休みになる<br>(寝られる) | 안녕히 주무셨습니까?<br>ゆっくりお休みになりましたか?<br>주무시는 데 불편한 점은 없으셨습니까?<br>お休みになるのにご不便な点はございませんでしたか? |
| 죽다 | 돌아가시다<br>亡くなる | 과장님 어머님께서 돌아가셨다는데 가 봐야 하는 거 아닐까요?<br>課長のお母様がお亡くなりになったそうですが、行かなければならないのではないでしょうか?<br>☞「돌아가시다」の前に「집에」「댁에」などを付けると、「(家に、お宅に) 帰られる」という意味になります。<br>例 사장님께서 댁에 돌아가셨습니다.<br>社長におかれましてはお宅に帰られました。 |

| 말하다 | **말씀하시다**<br>おっしゃる | 편안하게 먼저 **말씀하세**요.<br>気にせず先にお話しください。 |
|---|---|---|
| | **모시다**<br>お世話する<br>お供する<br>お連れする<br>ご案内する | 결혼 후에도 계속 부모님을 **모시**고 삽니다.<br>結婚後もそのまま両親と一緒に（両親の世話をして）暮らしています。<br>제가 회의장까지 사장님을 **모시**고 가겠습니다.<br>私が会議場まで社長をお連れいたします。<br>김 부장님을 공항까지 **모셔**다 드리고 온다고 늦었습니다.<br>キム部長を空港までご案内して来たので遅れました。 |

③形容詞の尊敬語

| 아프다 | **아프시다**<br>**편찮으시다**<br>ご病気である<br>お加減が悪い | 어디 **아프세**요? 안색이 안 좋으세요.<br>どこかお加減が悪いのですか？顔色が良くありません。<br>요즘 사장님께서 **편찮으셔**서 며칠동안 회사에 못 나오실 것 같습니다.<br>最近社長におかれましてはお加減が悪く、何日か会社にいらっしゃれなさそうです。 |
|---|---|---|

④存在詞の尊敬語

| 있다 | **계시다**<br>いらっしゃる | 삼창 물산의 박재민인데요. 이 차장님 **계십**니까?<br>サムチャン物産のパク・ジェミンですが、イ次長はいらっしゃいますか？ |
|---|---|---|
| 없다 | **안 계시다**<br>いらっしゃらない | 지금 자리에 **안 계신**데요. 무슨 일이십니까?<br>ただいま席にいらっしゃいませんが、どんなご用件ですか？ |

⑤名詞の尊敬語

| 말 | **말씀**<br>お話、お言葉 | 일단 부장님 **말씀**대로 해 보겠습니다.<br>ひとまず、部長のお言葉どおりにしてみます。 |
|---|---|---|
| 나이 | **연세**<br>お歳 | 아버님 **연세**가 어떻게 되십니까?<br>お父様のお歳はおいくつですか？<br>☞年配の人に使います。 |

| | | | |
|---|---|---|---|
| 이름 | **성함**<br>**존함**<br>お名前 | 저희 회사 사장님의 **성함**은 이 상자 훈자이십니다.<br>弊社社長のお名前はイ・サンフン (이상훈) でいらっしゃいます。<br>☞目上の人の名前を、他者に伝えるときは、「姓 (+ 자) 名前1文字目 + 자　2文字目 + 자이십니다」と言います。<br>회장님 **존함**을 좀 여쭤 봐 주시겠습니까?<br>会長のお名前をちょっと聞いてくださいますか？ |
| 집 | **댁**<br>お宅、お住まい | **댁**이 어디십니까?<br>お住まいはどちらですか？ |
| 밥 | **식사** 食事<br>**진지** お食事 | 부장님, **식사** 하셨습니까? 뭐 좀 사다 드릴까요?<br>部長、食事されましたか？何か買ってまいりましょうか？<br>할아버지, **진지** 잡수셨어요?<br>おじいさん、召し上がりましたか？<br>☞年配の人に使いますが、会社では「식사하셨습니까?」が一般的です。 |
| 술 | **약주**<br>お酒 | 일 끝나고 **약주** 한잔 하시겠습니까?<br>仕事が終わったらお酒を一杯いかがですか？ |
| 생일 | **생신**<br>お誕生日 | 부장님 **생신** 때 회비 거두어서 같이 선물이라도 준비하지요.<br>部長のお誕生日の際、会費を集めて一緒にプレゼントでも準備しましょう。<br>☞年配の人に使います。 |
| 사람 | **분**<br>方 | 저 **분**이 사장님의 사모님이십니까?<br>あの方が社長の奥様でいらっしゃいますか？ |
| 아버지 | **아버님**<br>お父様 | 저희 **아버님**께서는 이미 은퇴하셨습니다.<br>私どもの父はすでに引退されました。 |
| 어머니 | **어머님**<br>お母様 | 수미 씨 **어머님**께서는 선생님이시래요.<br>スミさんのお母様は先生でいらっしゃるそうです。 |
| 남편 | **남편분**<br>ご主人、旦那様 | **남편분**은 어떤 일을 하세요?<br>旦那様は何をされている方ですか？<br>☞比較的年配の人が好む 부군, 바깥어른 [바까더른] などの表現もあります。 |

| | | |
|---|---|---|
| 아내 | **부인** 奥さん<br>**사모님** 奥様 | 오늘 **부인**께서는 안 오세요?<br>今日奥さんはいらっしゃいませんか?<br>사장님 **사모님**께서는 참 미인이시네요.<br>社長の奥様はとてもおきれいですね。<br>☞主に年配の人に対して使います。 |
| 아이 | **자녀 (분)**<br>お子様、お子さん | 부장님께서는 **자녀 분**이 몇이십니까?<br>部長は、お子さんが何人いらっしゃいますか? |
| 아들 | **아드님**<br>ご子息、息子さん | 김 과장님의 **아드님**이십니까?<br>キム課長の息子さんでいらっしゃいますか? |
| 딸 | **따님**<br>お嬢様、娘さん | 사장님 **따님**께서는 아직 어리십니다.<br>社長のお嬢様はまだ幼いです。 |

## 2. 謙譲語をマスターしましょう

### 1) 動詞 + 드리다

動詞の語幹に **-아/어 드리다** をつけると、「~して差し上げる」「~いたす」という意味になります。

견적서는 언제까지 **보내 드리**면 될까요?
見積書はいつまでにお送りすればよろしいでしょうか?

오늘 잘 먹었습니다. 다음에는 제가 **대접해 드리**겠습니다.
今日はごちそうさまでした。次は私がごちそういたします。

자료를 받는 대로 바로 **보여 드리**겠습니다.
資料を受け取ったらすぐお見せいたします。

그 자료는 방금 박 부장님께 **전해 드렸**습니다.
その資料は先ほどパク部長にお渡しいたしました。

연락 오는 대로 바로 **알려 드릴**게요.
連絡が来たらすぐお知らせいたします。

바쁘신 거 같은데 제가 좀 **도와 드릴**까요?
お忙しそうですが、ちょっと私がお手伝いいたしましょうか?

◎ 名詞形 + 드리다 の表現もあります。

부장님 승진 **축하드립**니다. 오늘 회식 한번 가집시다.
部長、昇進おめでとうございます。今日飲み会でもいたしましょう。

추후에 다시 **연락드리**겠습니다.
追ってまたご連絡いたします。

검토한 후에 다시 **전화드리**겠습니다.
検討した後、改めてお電話いたします。

회의 내용에 대해서 어제 제가 사장님께 **말씀드렸**습니다.
会議の内容について昨日私が社長にお話しいたしました。

번거롭게 해 드려서 죄송하지만 글자가 깨져서요.
다시 메일 좀 **부탁드릴**게요.
お手数をおかけし申し訳ありませんが、文字化けしていてですね。
もう一度メールをお願いいたします。

### 2) 単語そのものが変化するもの
いくつかの動詞、代名詞が謙譲語を持ちます。

① 動詞の謙譲語

| 주다 | **드리다**<br>差し上げる | 부장님, 지금 잠깐 괜찮으세요? **드릴** 말씀이 있습니다.<br>部長、いま少し大丈夫ですか？申し上げたいことがあります。 |
|---|---|---|
| 말하다 | **말씀드리다**<br>申し上げる | 장소 변경됐다고 어제 **말씀드렸**는데 기억 안 나세요?<br>場所が変更されたと昨日申し上げたのですが、覚えていらっしゃいませんか？ |
| 물어보다 | **여쭤 보다**<br>お尋ねする | 과장님께 한번 **여쭤 보**고 다시 말씀드릴게요.<br>課長にもう一度お尋ねし、改めて申し上げます。 |

| 보다 | 뵈다 | 한국에 출장 갈 때 잠깐 **뵐** 수 있을까요? |
| 만나다 | 뵙다 | 韓国に出張される際、少しお目にかかれますか？ |
| | お目にかかる | 내일 **봬**요. 조심해서 들어가세요. |
| | | 明日お目にかかります。お気を付けてお帰りください。 |
| | | 그럼 저는 먼저 실례하겠습니다. 다음 주에 **뵙**겠습니다. |
| | | では私は先に失礼いたします。来週お目にかかります。 |
| 찾아가다 | 찾아뵙다 | 내일 2시에 **찾아뵙**겠습니다. |
| | ご訪問いたす | 明日2時にご訪問いたします。 |

②代名詞の謙譲語

| 나 | 저 | **저**는 아시아권 영업을 담당하고 있습니다. |
| | 私 | 私はアジア圏の営業を担当しています。 |
| 내 | 제 | 회의실이 비어 있는지 **제**가 한번 알아보겠습니다. |
| | 私、私の | 会議室が空いているか、私がいちど調べてみます。 |
| | | 급하시면 **제** 핸드폰 쓰시겠어요? |
| | | お急ぎなら私の携帯電話をお使いになりますか？ |
| 우리 | 저희 | **저희** 회사는 신주쿠 역에서 가깝습니다. |
| | 私ども、手前ども | 私どもの会社は新宿駅から近いです。 |

## 연습 練習

**1.** （　　）内の韓国語を、尊敬語にしましょう。

1. 사장님(이) 영업실적을 보고하라고 하셨습니다.
2. 결재가 내려오면 과장님(에게) 바로 서류를 보내도록 하겠습니다.
3. 저는 아무래도 오늘 야근해야 할 것 같은데요, 팀장님(도) 오늘 야근이세요?
4. 거래처 손님들을 (데리고) 제조 공장을 방문했습니다.
5. 부장님(은) 주량이 어느 정도 되십니까?
6. (집)까지 모셔다 드리겠습니다.

**2.** 例のように尊敬語を使った丁寧な表現に書き換えましょう。

例　나이가 몇 살이에요?

→ 연세가 어떻게 되십니까?

1. 과장님, 언제 밥 먹었어요?
2. 지금부터 우리 사장님이 말할 거예요.
3. 실례지만, 이름이 무엇입니까?
4. 술 한잔 받아요.
5. 남편은 잘 지내요?
6. 송년회에는 사장님 아들, 딸, 아이들이 다 왔어요.

**3.** 例のように尊敬語や謙譲語を使った丁寧な表現に書き換えましょう。

例 내가 해 줄까요?

→ 제가 해 드릴까요?

1. 할머니에게는 인삼차를 주세요.
2. 나중에 전화할게요.
3. 언제 만날 수 있을까요?
4. 그럼, 10시에 찾아가겠습니다.
5. 차장님에게 내가 한번 물어보겠습니다.
6. 연말 결산을 보고하고 싶은데요, 지금 괜찮습니까?

## 泉先生の ここが Point!

### Point 1　韓国人の日本語に多い「〜してあげます」

「私がしてあげます」「韓国語を教えてあげます」と、韓国人が言うのを聞くことがあります。これを聞くと、「なんだか恩着せがましいなぁ」と思ってしまうかもしれません。しかし、彼らは

제가 해 드릴게요.　　　　　　　私がいたします。

한국어를 가르쳐 드릴게요.　　韓国語をお教えいたします。

と言いたいのです。「－해 드리다」を「〜してあげる」という日本語に訳してしまっているのです。韓国人にとっても日本語の謙譲語は難しいようですね。

### Point 2　敬語を知ると、韓国文化を知ることができる

韓国の会社では、社外の人に自身の上司のことを話すとき、敬語を使います。

부장님께서는 안 계십니다.　　部長はいらっしゃいません。

これは「上司を尊敬している」という気持ちが根底にあり、それを示すための敬語と捉えることができます。「目上の人には礼を尽くす」という儒教精神からきています。また「께서」「께서는」など、助詞の尊敬語を多く用いることからも、すみずみまで尊敬語を使うという韓国人の細やかな気遣いが感じ取れます。

そんな韓国語の儒教文化が凝縮されている言葉に「모시다」があります。辞書には「仕える、お世話する、ご案内する、お供する」などの語義が掲載されていますが、以前こんなことを言っていた人がいました。

장남이라서 부모님을 모시고 살고 있습니다.

長男なので、両親の [お世話をしながら、大事にしながら] 暮らしています。

この場合、日本語では「両親と（一緒に）暮らしています」というふうにしか言えません。しかし韓国語では、上記の [　] 内のような意味が込められた「모시다」を使うのです。

この「모시다」は、ビジネスシーンでもよく使われます。韓国からのお客様を会議室やお食事にお連れするとき、次のように言ってみてください。

조 과장님, 제가 모시겠습니다.　　趙課長、私がご案内（お供）いたします。

「韓国語も上手だけど、韓国文化をよく知っている」と思ってもらえること間違いありません。

# 第 2 章

## 韓国人の名前を正確に聞き取りましょう

> 　ひと通りの会話はスムーズにできるようになっても、いつまでも一度で聞き取ることができないのは、韓国人の名前かもしれません。名前は間違えると失礼になりますから、正確に聞き、書きたいものですね。ビジネスシーンでは、特に気をつけなければならないでしょう。
>
> 　実は韓国人の名前は、韓国人どうしでも聞き取れないことがよくあるようで、彼らもいろんな方法で聞き返したり、確認をしたりしています。ここでは、韓国人の名前を正確に聞き取ったり、確認したりする方法を勉強しましょう。

## 본문 本文

전재용 : 일단 샘플과 제품 설명서를 저희 회사로 보내 주시면 한번 검토해 보겠습니다.
사루야마 : 감사합니다. 그럼 어떤 분 앞으로 보내 드릴까요?
전재용 : 저는 '전재용'입니다. 저한테 보내 주세요.
사루야마 : 정…?
전재용 : 아니요. '정'이 아니라 '전', 니은받침입니다.
사루야마 : 아, 네. 제가 아직 한국어가 서툴러서요. 그럼 '전체' 할 때 '전' 자시지요? 그리고 '재' 자는 '아이'의 '재'입니까? '어이'의 '제'입니까?
전재용 : '아이'의 '재'입니다.
사루야마 : 그러면 '전재영' 씨 맞습니까?
전재용 : 아니요. '영'이 아니라 '용기'의 '용'입니다.
사루야마 : 아, 정말 죄송합니다. '전 재자 용자'씨네요?
전재용 : 네, 그렇습니다. 내용 확인한 후에 저희 쪽에서 다시 연락드리겠습니다.

14

| | |
|---|---|
| チョン・ジェヨン： | ひとまずサンプルと製品説明書を弊社に送っていただければ、いちど検討してみます。 |
| 猿山： | ありがとうございます。ではどちら様あてにお送りいたしましょうか？ |
| チョン・ジェヨン： | 私は「チョン・ジェヨン（全在容）」です。私に送ってください。 |
| 猿山： | チョン（鄭）…？ |
| チョン・ジェヨン： | いいえ。「チョン（정）」でなくて、「チョン（전）」、ニウン（ㄴ）パッチムです。 |
| 猿山： | あ、はい。私がまだ韓国語が得意でなくて。では、「全体」の「全」の字でいらっしゃるのですね。それから「ジェ」の字は「ア、イ（아이）」の「ジェ（재）」ですか？ 「オ、イ（어이）」の「ジェ（제）」ですか？ |
| チョン・ジェヨン： | 「ア、イ（아이）」の「ジェ（재）」です。 |
| 猿山： | では「チョン・ジェヨン（전재영）」さんですね。 |
| チョン・ジェヨン： | 違います。「ヨン（영）」ではなくて、「勇気（용기）」の「ヨン（용）」です。 |
| 猿山： | あ、本当にすみません。「全、在の字、容の字」さんですね。 |
| チョン・ジェヨン： | はい、そうです。内容を確認したあと、私どもから改めてご連絡いたします。 |

## ハングルの名称

ハングルにはそれぞれの文字に名前がついています。綴りを確認するときなど、この名称をよく使います。

ㄱ：기역（キヨヶ）　　ㄴ：니은（ニウン）　　ㄷ：디귿（ティグッ）　　ㄹ：리을（リウル）

ㅁ：미음（ミウム）　　ㅂ：비읍（ピウㇷ゚）　　ㅅ：시옷（シオッ）　　ㅇ：이응（イウン）

ㅈ：지읒（チウッ）　　ㅊ：치읓（チウッ）　　ㅋ：키읔（キウㇰ）　　ㅌ：티읕（ティウッ）

ㅍ：피읖（ピウㇷ゚）　　ㅎ：히읗（ヒウッ）　　ㄲ：쌍기역（サンキヨㇰ）　　ㄸ：쌍디귿（サンティグッ）

ㅃ：쌍비읍（サンピウㇷ゚）　　ㅆ：쌍시옷（サンシオッ）　　ㅉ：쌍지읒（サンチウッ）

### 공략포인트 攻略ポイント

## 1. 聞き取りのコツをおさえましょう

### 1) 代表的な姓を知っておく

どんな姓が多いか、よく耳にするかを把握しているだけで、名前のやりとりが随分スムーズになるはずです。代表的な姓は次の通りです。(そのほかの姓については 21 ページ参照)

김 (金)　　이 (李)　　박 (朴)　　최 (崔)　　정 (鄭)
강 (姜)　　조 (趙)　　윤 (尹)　　장 (張)　　임 (林)

### 2) 名前によく使われる字を知っておく

男女共通してよく使われる字には次のようなものがあります (漢字は一例です)。

경 (京・景・敬・慶)　　보 (寶・步・保)　　상 (相)　　성 (成)
수 (秀)　　　　　　　연 (延)　　　　　영 (英)　　은 (銀)
정 (丁・貞)　　　　　지 (知・智)　　　진 (真・眞・鎭)　하 (夏)
현 (賢)　　　　　　　효 (孝)

### 3) 男性の名前・女性の名前によく使われる字を知っておく

男性・女性の名前によく使われる字があります (漢字は一例です)。

男性　광 (光)　　대 (大)　　동 (東)　　남 (男)
　　　민 (敏, 民)　범 (範)　　승 (承)　　열 (烈)
　　　용 (勇・容)　우 (宇)　　웅 (雄)　　원 (源)
　　　재 (在)　　주 (柱)　　준 (俊・峻・準)　종 (宗・鍾)
　　　중 (中・重)　창 (昌)　　철 (哲)　　태 (泰)
　　　혁 (赫)　　호 (鎬・浩)　환 (桓・煥)　훈 (勳)

女性　리 (理)　　미 (美)　　서 (叙)　　선 (善)
　　　숙 (淑)　　아 (児・雅)　예 (藝)　　유 (有・裕)
　　　옥 (玉)　　은 (恩)　　순 (順・純)　주 (珠)
　　　혜 (惠)　　화 (花)　　희 (喜・希・姫・熙)

### 4) 発音の変化に慣れる

名前にも音変化が起こります。違う名前になってしまうようで戸惑うときもありますが、韓国人はそれに慣れています。

①連音化

김용호 [기용호]　　박유진 [바규진]

최성민입니다. [최성미님니다]

이진석입니다. [이진서김니다]　　　※ 有声音化も起こります。

②濃音化

박동석 [박똥석]　　백지훈 [백찌훈]　　이혁수 [이혁쑤]

③激音化

안숙현입니다. [안수커님니다]

옥효진입니다. [오쿄지님니다]

④鼻音化

백미란 [뱅미란]　　정류진 [정뉴진]　　윤경림 [윤경님]

⑤流音化

한래원 [할래원]　　신리진 [실리진]

☞その他、母音で終わる名前が終始語尾と結合すると、以下の様になります。

김수미 + 입니다. ⇒ 김수밉니다.

송유리 + 인데요. ⇒ 송유린데요.

## 2. 名前の確認のしかたや受け答えの例を知っておきましょう

### 1) ハングルの読み方で確認する

A : '연'입니까 [여님니까]? '영'입니까?
B : 이응이 아니고 니은받침입니다. 연입니다.

- A :「ヨン (연)」ですか？ 「ヨン (영)」ですか？
- B :イウン (ㅇ) ではなくニウン (ㄴ) パッチムです。ヨン (연) です。

A : '아이'의 '애'잔가요? '어이'의 '에'잔가요?
B : '어이'의 '에'자입니다.

- A :「ア、イ (아이)」の「エ (애)」の字ですか？ 「オ、イ (어이)」の「エ (에)」の字ですか？
- B :「オイ (어이)」の「エ (에)」の字です。

### 2) その字が使われている言葉の例をあげる

A : '순'입니까 [수님니까]? '승'입니까?
B : '우승하다'의 '승'자입니다.

- A :「スン (순)」ですか？ 「スン (승)」ですか？
- B :「優勝する」の「勝 (승)」の字です。

A : '훈'인가요? '운'인가요?
B : '훈련'할 때 '훈' 자입니다.

- A :「フン (훈)」ですか？ 「ウン (운)」ですか？
- B :「訓練する」ときの「訓 (훈)」の字です。

A : '한'입니까? '안'입니까?
B : '한국' 할 때 '한' 자입니다.

- A :「ハン (한)」ですか？ 「アン (안)」ですか？
- B :「韓国」というときの「韓 (한)」の字です。

### 3) 同じ綴り方をする漢字の意味で伝える

A : '애 (에)'는 어떻게 씁니까?
B : 사랑 (愛) '애 (愛)'자입니다.

A : 「エ」はどう書きますか?
B : 「サラン (愛)」の「愛 (애)」の字です。

## ≪そのほかの表現のしかたの例≫

賢 (현) : 어질 현　▶어질다 (賢い)
正 (정) : 바를 정　▶바르다 (正直だ)
貞 (정) : 곧을 정　▶곧다 (正しい)
順 (순) : 순할 순　▶순하다 (素直だ)
承 (승) : 이을 승　▶잇다 (繋ぐ)
秀 (수) : 빼어날 수　▶빼어나다 (秀でる)
善 (선) : 착할 선　▶착하다 (賢い)
光 (광) : 빛날 광　▶빛나다 (光る)
子 (자) : 아들 자　▶아들 (息子)
児・兒 (아) : 아이 아　▶아이 (子供)
英 (영) : 꽃부리 영　▶꽃부리 (草かんむり [花冠])
民 (민) : 백성 민　▶백성 (〔王に対する〕民)

'현'은 '어질 현' 자입니까?
　　　　　　　　　「ヒョン」は「賢い(善良な)の賢」の字ですか?

'정'은 '바를 정' 자입니까?　「チョン」は「正しい正」の字ですか?

'영'은 '꽃부리 영' 자입니다.　「ヨン」は「草かんむりの英」の字です。

## 연습 練習

**1.** CDを聞き、聞こえたほうに○を付けましょう。

1. 가) 이서연   나) 이서현   2. 가) 안동아   나) 안동하
3. 가) 김성은   나) 김상훈   4. 가) 최연희   나) 최영희
5. 가) 백동현   나) 백동혁   6. 가) 박영림   나) 박경리

**2.** CDを聞き、(   )に聞き取った名前を書き入れてみましょう。

1. (        ) 씨하고 (        ) 씨는 신입사원입니까?
2. 대한상사의 (        ) 부장님께서 전화해 달랍니다.
3. (        ) 씨와 (        ) 씨는 우리 회사 영업을 대표하는 얼굴들입니다.
4. A : (        ) 씨가 결혼하신다면서요?
   B : 아니요, (        ) 씨가 아니라 (        ) 씨예요.
5. (        ) 사장님께서 (        ) 상무님과 같이 오십니다.
6. 현장에 나가 있는 KBS (        ) 기자를 불러보겠습니다.

**3.** 電話の相手の名前（下線を引いた文字の綴り）が正確にわかりません。確認するための質問文を考えましょう。

【例】김진<u>이</u> / 김진<u>희</u>
―진, 희 씨 맞습니까?
―진, 이 씨입니까?
―'희망' 할 때 '희' 자입니까?
―'이유' 할 때 '이' 자입니까?

1. 임미<u>숙</u> / <u>이</u>미숙   2. <u>신</u>무현 / <u>심</u>무현   3. <u>전</u>도희 / <u>천</u>도희
4. 안진<u>석</u> / 안진<u>숙</u>   5. 한지<u>연</u> / 한지<u>영</u>

**4.** CDを聞き、韓国人の名前が含まれた短文を書き取りましょう。

泉先生の
# ここがPoint!

## Point 1　韓国人の姓

　日本人の姓は約30万種類ですが、韓国人の姓は統計庁の調査によると2000年代に286個だったものが、最近は韓国に住む外国人の帰化が増えた影響で、2015年は5582個になり、2000年に比べ5000個以上が増加しました。しかし、上位5つの姓はずっと変わらず全人口の約50%を占めています。韓国にはどんな姓が多いのか見てみましょう。

| | | | | |
|---|---|---|---|---|
| 1 김（金） | 2 이（李） | 3 박（朴） | 4 최（崔） | 5 정（鄭） |
| 6 강（姜） | 7 조（趙） | 8 윤（尹） | 9 장（張） | 10 임（林） |
| 11 한（韓） | 12 오（吳） | 13 서（徐） | 14 신（申） | 15 권（權） |
| 16 황（黃） | 17 안（安） | 18 송（宋） | 19 전（全） | 20 홍（洪） |
| 21 유（柳） | 22 고（高） | 23 문（文） | 24 양（梁） | 25 손（孫） |
| 26 배（裵） | 27 조（曹） | 28 백（白） | 29 허（許） | 30 유（劉） |
| 31 남（南） | 32 심（沈） | 33 노（盧） | 34 정（丁） | 35 하（河） |
| 36 곽（郭） | 37 성（成） | 38 차（車） | 39 주（朱） | 40 우（禹） |
| 41 구（具） | 42 신（辛） | 43 임（任） | 44 전（田） | 45 민（閔） |
| 46 유（兪） | 47 류（柳） | 48 나（羅） | 49 진（陳） | 50 지（池） |
| 51 엄（嚴） | 52 채（蔡） | 53 원（元） | 54 천（千） | 55 방（方） |
| 56 공（孔） | 57 강（康） | 58 기타* | 59 현（玄） | 60 함（咸） |
| 61 변（卞） | 62 염（廉） | 63 양（楊） | 64 변（邊） | 65 여（呂） |
| 66 추（秋） | 67 노（魯） | 68 도（都） | 69 소（蘇） | 70 신（愼） |
| 71 석（石） | 72 선（宣） | 73 설（薛） | 74 마（馬） | 75 길（吉） |
| 76 주（周） | 77 연（延） | 78 방（房） | 79 위（魏） | 80 표（表） |
| 81 명（明） | 82 기（奇） | 83 반（潘） | 84 라（羅） | 85 왕（王） |
| 86 금（琴） | 87 옥（玉） | 88 육（陸） | 89 인（印） | 90 맹（孟） |
| 91 제（諸） | 92 모（牟） | 93 장（蔣） | 94 남궁（南宮） | 95 탁（卓） |
| 96 국（鞠） | 97 여（余） | 98 진（秦） | 99 어（魚） | 100 은（殷） |

韓国人の姓、上位100（統計庁2015年人口住宅調査「姓氏・本貫別人口（5人以上）」より）
＊58位の「기타（その他）」は、本貫（24ページ参照）の4人以下の姓を集めたものです。

### Point 2　二文字の姓

韓国人の姓は一文字というイメージがありますが、二文字の姓もあります。

남궁（南宮）　황보（皇甫）　제갈（諸葛）　사공（司空）
선우（鮮于）　서문（西門）　독고（獨弧）　동방（東方）

通常、韓国人の姓名の間は空けずに表記しますが、二文字の姓の場合は姓名の間を1マス空けます。これは名前とはっきり区別するためです。また、二文字の姓の人の名前は、比較的一文字になる傾向があるようです（もちろん名前が二文字の人もいます）。

例： 황보 준　（皇甫 俊）　＊姓は「皇甫」、名前は「俊」
　　 황보준　（黃保俊）　＊姓は「黃」、名前は「保俊」

### Point 3　時代別、韓国人に多い名前

ここ50年の韓国の男女別名前の上位3位を見てみましょう。やはり時代によって流行の名前、字があるようですね。

|  | 男性 | | | 女性 | | |
| --- | --- | --- | --- | --- | --- | --- |
|  | 1位 | 2位 | 3位 | 1位 | 2位 | 3位 |
| 1970年 | 정훈 | 성호 | 성훈 | 은주 | 은정 | 미경 |
| 1980年 | 지훈 | 정훈 | 성민 | 지혜 | 지영 | 혜진 |
| 1990年 | 지훈 | 동현 | 현우 | 유진 | 민지 | 지은 |
| 2000年 | 민준 | 현우 | 지훈 | 유진 | 서연 | 수빈 |
| 2010年 | 민준 | 서준 | 예준 | 서연 | 서윤 | 서현 |
| 2015年 | 민준 | 서준 | 하준 | 서윤 | 서연 | 지우 |

（大法院資料より）

### Point 4　漢字が使われていない名前

　ほとんどの韓国人の名前には漢字が使われていますが、1980年代ごろからハングルのみの名前が多くなりました。 女性に多く、女性らしいイメージを持つ言葉や音が多く使われる傾向があります。
　たとえば、以下のような名前があります。

사랑：「愛」という意味の韓国語です。

아름：「아름다운 (美しい)」からきています。

다운：「아름다운 (美しい)」からきています。
　　　＊お姉さんが「아름」、妹が「다운」など、姉妹で使われたりもします。

송이：「장미꽃 한 송이 (薔薇の花一輪)」の「송이 (輪)」。花を数える助数詞です。

보람：「甲斐、望み」を意味する固有語です。

초롱：「초롱초롱하다 ([目がきれいに] さえている、澄んでいる)」からきています。

### Point 5　日本人ほど漢字にはこだわらない

　日本人は、韓国人の名前について「漢字でどうやって書くのか」気にする人が多いようですが、韓国人は日本人ほど名前の漢字にこだわらないようです。本文の例でもおわかりのように、登場人物は「재용 (在容)」という名前の「용」の綴りを「용기 (勇気) の용」と説明しています。「용」というハングルが連想できれば十分なのです。
　以前、当校の生徒が、韓国人のK先生に「先生の名前の漢字はどう書くのですか？」と尋ねました。そのやりとりを見ていた別の韓国人のP先生が、「へぇ、K先生の名前はそういう漢字を書くのね」と言っていて驚いたことがあります。K先生とP先生は何年も一緒に仕事をしている間柄なのですが、そんな相手でも名前を漢字でどう書くか知らない (知る機会もないし、必要ない) のです。日本人の感覚だと、何年も一緒に仕事をしているなら、相手の名前の漢字くらいは知っていますよね。
　そういえば、韓国人どうしで「名前を漢字でどう書くか」について話しているのをほとんど聞いたことがありません。やはりハングル表記で充分だと思っているようです。

## Point 6　본관 (本貫)

　「本貫」とは、ある氏族の始祖が生まれた地名のこと。「김해 김 씨 (金海の金氏)」「경주 박 씨 (慶州の朴氏)」と表現します。社会生活においても次のような会話が韓国人同士でよく交わされます。

### 이현숙 씨의 본관이 어디세요?
イ・ヒョンスクさんの本貫はどちらですか？

### 어디 이 씨세요?
どちらの李さんでいらっしゃいますか？

その答えとして

### 경주 이 씨 입니다.
慶州の李氏です。

### 경주 이 가 입니다.
慶州の李家です。　　　　　　　　※後者のほうがより丁寧な響きをもちます。

　姓と本貫が同じ (同姓同本／동성동본) 男女の結婚を禁止していた時代もありますが、いまでは法律上認められています。

# 第 3 章

## 数字を正確に聞き、話しましょう

　価格、個数、電話番号のやりとりなど、ビジネスにおいて数字は常についてまわります。

　正確さが求められる数字は、きちんと聞き、話せるようにしたいものです。韓国語での数字のやりとりは、その音変化のために、なかなか聞き取りにくいのが現実。ここでは、韓国語の数字を正確に聞き取り、そして話すコツをおさえましょう。

## 본문 本文

사루야마 : 자세히 알아보고 연락드리도록 하겠습니다. 전화번호가 어떻게 되십니까?

이승훈 : 서울 02 (공이) 의 2234 (이이삼사) 의 6621 (육육이일) 입니다.

사루야마 : 02 (공이) 의 2133 (이일삼삼) 의 6611 (육육일일) 번이 맞습니까?

이승훈 : 아닙니다. 둘, 둘, 삼, 사에….

사루야마 : 잠시만요. 둘, 둘, 삼, 사요?

이승훈 : 네. 그리고, 육 두 개, 둘, 하나입니다.

사루야마 : 육, 육, 둘, 하나요?

이승훈 : 네, 그렇습니다.

사루야마 : 확인하겠습니다. 02-2234-6621 번이 맞습니까?

이승훈 : 네, 맞습니다. 그럼 전화 기다리겠습니다.

| 猿山： | 詳しく調べて、ご連絡差し上げるようにいたします。お電話番号は何番ですか？ |
| イ・スンフン： | ソウル02の2234の6621です。 |
| 猿山： | 02の2133の6611番で合っていますか？ |
| イ・スンフン： | 違います。2(トゥル)、2(トゥル)、3、4の… |
| 猿山： | お待ちください。2(トゥル)、2(トゥル)、3、4ですか？ |
| イ・スンフン： | はい。それから6が2つに、2(トゥル)、1(ハナ)です。 |
| 猿山： | 6、6、2(トゥル)、1(ハナ)ですか？ |
| イ・スンフン： | はい、そうです。 |
| 猿山： | 確認します。02-2234-6621番で合っていますか？ |
| イ・スンフン： | はい、合っています。では、お電話お待ちしております。 |

## 공략포인트 攻略ポイント

### 1. 数字の聞き取りのコツをおさえましょう

#### ○韓国語の音変化をマスターしましょう

韓国語の数字を正確に聞き取ったり、言ったりするためには、韓国語の音変化をしっかりマスターすることが大切です。

① 連音化

3,580원 : 삼천오백팔십 원
　　　　　[삼처노백팔시붠]

043-561-2359 : 공사삼의 오육일의 이삼오구
　　　　　　　　[공사사메 오류기레 이사모구]

1인분 : 일인 분
　　　　[이린분]

8月21日 : 팔 월 이십일 일
　　　　　[파뤌 이시비릴]

②鼻音化

2006年10月16日：이천육 년 시 월 십육 일
　　　　　　　　〔이천늉년 시월 심뉴길〕

16,600ウォン：만육천육백 원〔만뉵천뉵빼권〕

02-365-2666：공이에 삼육오에 이육육육
　　　　　　　〔공이에 삼뉴고에 이륭늉눅〕

☞「6」は、語頭では「육」。2つめ以降では「륙」と発音されます。ただし、直前に「0(공)」「3(삼)」「6(육)」「10(십)」や、「百(백)」「千(천)」「万(만)」が来る場合、「륙」は鼻音化して「뉵」となるので注意しましょう。

③流音化

1988年：천구백팔십팔 년〔천구백팔십팔련〕

2007年：이천칠 년〔이천칠련〕

## 2. 一般的な単位を覚えましょう

### 1) 漢字語の数詞 (일、이、삼…) を使うもの

| 초<br>秒 | 일분일**초**를 다투는 긴박한 상황입니다.<br>1分1秒を争う緊迫した状況です。 |
|---|---|
| 분<br>分 | 30**분** 후에 다시 전화를 주시겠습니까?<br>30分後にもう一度お電話いただけますか? |
| 년<br>年 | 삼창그룹은 1941**년** 모체인 삼창상회에서 시작되었습니다.<br>サムチャングループは1941年に、母体であるサムチャン商会から始まりました。 |
| 월<br>月 | 10**월**에 신제품이 출시됩니다.<br>10月に新製品が発売されます。 |
| 일<br>日 | 취업난 해소를 위해 오는 26**일**에 취업 박람회를 개최합니다.<br>就職難の解消のため、来る26日に就職博覧会が開催されます。 |

| 원<br>ウォン | 저렴한 가격으로 3만 **원**에 제공해 드리오니 이번 기회를 놓치지 마세요.<br><sub>3万ウォンという手頃な価格でご提供しますのでこの機会を逃さないでください。</sub> |
|---|---|
| 엔<br>円 | 계속되는 엔고 현상으로 환율이 80**엔**대에 육박할 전망입니다.<br><sub>続く円高現象により、レートが80円台に迫る見込みです。</sub> |
| 회<br>回 | 제 4**회** IT 기술 국제 심포지엄 및 워크숍을 개최하오니 많은 참석 부탁합니다.<br><sub>第4回IT技術国際シンポジウム及びワークショップを開催いたしますので、多くのご参加をお待ちしています。</sub> |
| 번<br>番 | 내선 번호 3675**번**으로 돌려 드리겠습니다.<br><sub>内線番号3675番にお回しいたします。</sub> |
| 인<br>人 | 저희 세미나 룸은 10**인**실로 최대 15**인**까지 이용 가능합니다.<br><sub>私どものセミナールームは10人用の部屋で、最大15人まで利用が可能です。</sub> |
| 대<br>代 | 고금리로 돈을 빌리는 20-30**대**들이 급증하고 있습니다.<br><sub>高金利でお金を借りる20～30代が急増しています。</sub> |
| 세<br>歳 | 워킹홀리데이 비자 신청은 만 30**세**까지 가능해요.<br><sub>ワーキングホリデービザの申請は、満30歳まで可能です。</sub> |
| 세대<br>世帯 | 최근 한국에서는 2**세대** 주택이 다시 증가하고 있대요.<br><sub>最近、韓国では二世帯住宅が再び増加しているそうです。</sub> |
| 퍼센트<br>프로<br>パーセント | 당사 제품의 업계 점유율은 80**퍼센트**를 차지하고 있습니다.<br><sub>当社製品の業界シェアは80％を占めています。</sub> |
| 그램<br>グラム | 300**그램** 정도의 우편물을 착불로 보내려면 요금이 얼마 정도 드나요?<br><sub>300グラムくらいの郵便物を着払いで送る場合、料金はいくらぐらいかかりますか？</sub> |
| 킬로<br>キロ | 서울과 부산은 약 400**킬로** 떨어져 있습니다.<br><sub>ソウルと釜山は約400キロ離れています。</sub> |
| 센티<br>センチ | 이번에 새로 나온 신제품은 가로 세로 44**센티**, 높이는 60**센티**입니다.<br><sub>今回新しく出た新製品は縦横44センチ、高さは60センチです。</sub> |

| 미터<br>メートル | 저희 회사는 역에서 100 **미터**밖에 떨어져 있지 않아서 충분히 걸어서 오실 수 있을 겁니다.<br>私どもの会社は駅から 100 メートルしか離れていないので、充分歩いてお越しいただけると思います。 |
|---|---|
| 리터<br>リットル | 다음 달에 850 **리터**의 대용량 김치냉장고가 새로 출시될 예정입니다.<br>来月 850 リットルの大容量キムチ冷蔵庫が新たに発売される予定です。 |
| 톤<br>トン | 5 **톤** 트럭이 가드레일을 들이박고 옆으로 전복되었습니다.<br>5 トントラックがガードレールにぶつかり、横転しました。 |
| 제곱미터<br>平方メートル | 주변 시세보다 저렴해서 3.3 **제곱미터**당 분양가가 1 천만 원 정도였어요.<br>周辺の相場より安くて、3.3 平方メートルあたり分譲価格が一千万ウォン程度でした。　　　　　　　　　　　　　　　　　　　※3.3 ㎡＝一坪（한 평） |
| 위<br>位 | 영업 성적이 28 **위**에서 10 **위**로 올라 처음으로 10 **위**권 안에 들어갔습니다.<br>営業成績が 28 位から 10 位に上がり、初めて 10 位圏内に入りました。 |
| 등<br>等 | 로또 추첨 결과 1 **등**은 9 명으로 약 12 억 원을 당첨금으로 받게 됩니다.<br>ロト宝くじの抽選の結果、一等は 9 名で、約 12 億ウォンを当選金として受け取ることになります。 |
| 도<br>度 | 영하 0.5 **도**였던 아침 기온은 한낮에 11 **도**까지 오르면서 일교차가 큰 폭으로 벌어지겠습니다.<br>零下 0.5 度だった朝の気温は昼に 11 度まで上がり、朝晩の気温差が大幅に広がるでしょう。 |
| 분기<br>四半期 | 1 **분기** 매출액은 193 억 원으로 전년 대비 2.5% 증가할 것으로 보입니다.<br>第一四半期の販売額は 193 億ウォンで、昨年に対し 2.5% 増加すると思われます。 |
| 대<br>対 | 전반은 무승부였지만 후반에 자살 골을 넣는 바람에 2 **대** 1 로 패하고 말았습니다.<br>前半は引き分けでしたが、後半にオウンゴールを入れてしまい、2 対 1 で負けてしまいました。 |
| ○분의 ○<br>○分の○ | 3 **분의** 2 이상이 찬성할 경우 이번 안건은 통과될 것입니다.<br>3 分の 2 以上が賛成する場合、今回の案件は通過するでしょう。 |

☞ 外来語の単位には漢数字を用います。

## 2) 固有語の数詞（하나、둘、셋…）を使うもの

| | | |
|---|---|---|
| **시**<br>時 | 오전 9**시**부터 시작되는 주주총회에는 20개 회사가 참석할 예정입니다.<br><small>午前9時から始まる株主総会には20の会社が参加する予定です。</small> | |
| **명, 분**<br>名、方 | 청년 실업자수가 10만 **명**을 넘어섰다고 해요.<br><small>青年失業者数が10万名を超えたとのことです。</small> | |
| | 거래처 회사에서 2**분**이 오신대요.<br><small>取引先の会社からお二方いらっしゃるそうです。</small> | |
| **사람**<br>人 | 저희 회사에는 외국인 기술자가 3**사람** 있습니다.<br><small>私どもの会社には外国人技術者が3人います。</small> | |
| **살**<br>歳 | 당사 고객의 평균 연령은 35**살**입니다.<br><small>当社顧客の平均年齢は35歳です。</small> | |
| **번**<br>回 | 1년에 5**번** 정도 한국에 출장갑니다.<br><small>1年に5回ぐらい韓国に出張します。</small> | |
| **잔**<br>杯 | 가볍게 맥주라도 한**잔** 하시죠.<br><small>軽くビールでも一杯飲みましょう。</small> | |
| **개**<br>個 | 한국은 금메달 20**개**를 획득하면서 종합 10위에 올랐다.<br><small>韓国は金メダル20個を獲得し、総合10位に躍り出た。</small> | |
| **권**<br>冊 | 자기계발을 위해서 적어도 일주일에 책 1**권**은 읽으려고 마음먹었어요.<br><small>自己啓発のために、少なくとも一週間に本一冊は読もうと決心しました。</small> | |
| **벌**<br>着、セット | 이번에 후배 결혼식에서 사회를 맡게 돼서 양복 1**벌** 맞춰야 할 것 같아.<br><small>今回、後輩の結婚式で司会者をすることになったから、スーツを1着あつらえなくてはならなそうだ。</small> | |
| | 신혼 때에는 그릇 1**벌**과 수저 2**벌**로 생활했어요.<br><small>新婚の時は皿1式と箸と匙のセット、2セットで生活しました。</small> | |
| **병**<br>瓶、本 | 소주 1,2**병**으로는 부족하니까 일단 5**병** 정도 주문하세요.<br><small>焼酎1、2本では足りないので、ひとまず5本ほど注文してください。</small> | |

| | |
|---|---|
| **송이**<br>輪 | 회사 입구에 장미 꽃 1 **송이**라도 있으면 분위기가 좋아질 거예요.<br>会社の入り口に薔薇の花1輪でもあれば雰囲気が良くなると思います。 |
| **장**<br>枚 | 보고서를 20 **장**이나 썼는데 데이터가 날아가는 바람에 다시 작성하고 있어요.<br>報告書を20枚も書いたのですが、データが消えてしまったためまた作成しています。 |
| **부**<br>部 | 김수미 씨, 이 서류를 A4 용지로 10 **부**씩 준비해 주세요.<br>キム・スミさん、この書類をA4用紙で10部ずつ準備してください。 |
| **대**<br>台 | 고속도로에서 자동차 5 **대**의 접촉 사고가 발생했습니다.<br>高速道路で自動車5台の接触事故が発生しました。 |
| **평**<br>坪 | 요즘 강남 지역의 땅 값이 1 **평**당 얼마예요?<br>近頃の江南地域の土地の値段は、一坪あたりいくらですか? |
| **편**<br>編 | 인기 드라마는 1 **편**당 계약금이 엄청납니다.<br>人気ドラマは1編あたりの契約金がものすごいです。 |
| **척**<br>隻 | 경기도 앞바다에 정박 중이던 어선 3 **척**이 강풍으로 전복됐습니다.<br>京畿道沖に停泊中だった漁船3隻が強風により転覆しました。 |
| **배**<br>倍 | 집세 상승률이 작년에 비해 2 **배** 이상 증가한 것으로 나타났습니다.<br>家賃の上昇率が昨年に比べ2倍以上増加したことが明らかになりました。<br><br>매출 규모를 올해보다 2.5 [이 점 오] **배** 수준으로 확대할 방침입니다.<br>売り上げ規模を今年より2.5倍の水準に拡大する方針です。<br>☞小数点が付くときは漢字語の数字になります。 |
| **가지**<br>種類、通り | 해결책은 2 **가지** 방법이 있는데 어떻게 하시겠습니까?<br>解決策は2通りの方法があるんですが、どうなさいますか? |
| **종류**<br>種類 | 이번에 출시된 신상품에는 딸기맛, 레몬맛, 포도맛 3 **종류**가 있습니다.<br>今回発売した新製品には、イチゴ味、レモン味、ブドウ味の3種類があります。<br>☞「종류」は、基本的に「가지」と同じように使われますが、一般的なもの、動物、植物に使われる傾向があります。 |

| | | |
|---|---|---|
| **끼**<br>食 | 끼니를 거르지 말고 하루 3**끼**를 꼬박 챙겨 드세요.<br>食事を抜いたりしないで、一日3食きちんと食べてください。 | |
| **가구**<br>世帯 | 3**가구**가 함께 사는 다세대 주택이 늘어나고 있습니다.<br>3世帯が一緒に住む多世代住宅が増えています。 | |
| **상자** 箱<br>**박스** ボックス | 인사이동 때 자리를 정리했더니 쓸데없는 자료가 4**상자**나 나왔다.<br>人事異動のとき机を整理したところ、無駄な書類が4箱にもなった。 | |
| **군데**<br>箇所 | 서울 시내에는 24**군데**가 넘는 지점을 가지고 있습니다.<br>ソウル市内には、24箇所を超える支店をもっています。 | |

---

### 固有数詞？　漢数詞？

　固有数詞を使う単位でも、数字が大きくなると固有数詞を使わず、漢数詞を使うことがあります。

　80名：「여든 명」よりは「팔십 명」と言うのが一般的
　62個：「예순 두 개」よりは「육십이 개」と言うのが一般的

　年齢の場合、数字が大きくなると「漢数詞+세 [ 歳 ]」という表現を使うことが多くなります。ただし、

　　저희 할아버지는 <u>칠십 구 세</u>세요.
　　　私どもの祖父は79歳でいらっしゃいます。

というよりは、

　　저희 할아버지는 <u>일흔 아홉 살</u>이세요.
　　　私どもの祖父は79歳でいらっしゃいます。

といったほうが丁寧な印象になります。

### 연습 練習

**1.** 電話番号と値段をハングルに置き換え、スラスラ読めるようになるまで練習しましょう。

【例】03-3708-0263 : 공삼의 삼칠공팔의 공이육삼
　　　　　　　　　　〔공사메 삼칠공파레 공이륙쌈〕
　　 18,350원 : 만 팔천삼백오십 원 〔만팔천삼배고시붠〕

1. 090-8894-2219
2. 02-2281-5156
3. 019-322-9467
4. 1,111,000원
5. 7,200,980엔

**2.** CD를 聞いて下線を埋めましょう。

1. 오늘의 휘발유 값은 _____리터당 _____엔입니다.
2. 이번 주 로또 당첨금은 _____억 원이라고 합니다.
3. _____분기 영업이익이 전분기 대비 _____% 감소했습니다.
4. 세계 화제 인물 _____위에 사장님이 소개되었어요.
5. 바다 물결은 _____에서 _____ 미터까지 일겠습니다.
6. 공무원 지원자가 _____대 _____로 지난해 비해 높은 경쟁률을 드러냈다.

**3.** CDを聞いて下線を埋めましょう。

1. 회의 자료를 _____부 준비해 주시겠어요?
2. _____번 방문해서 겨우 계약을 맺을 수 있었습니다.
3. _____가구 중 _____가구가 남향으로 배치되어 통풍이 잘 됩니다.
4. 이직하려고 _____군데 넘게 이력서를 넣었는데 _____군데에서만 연락이 왔어요.
5. 경기침체에도 불구하고 친환경 제품의 시장규모가 _____배 이상 성장했다.
6. 사장님 연세는 _____살이시랍니다.

### パッチムの数字と連音する「의」

　日本語で電話番号を伝えるときは、局番と番号の間を「の」で結ぶのが一般的ですが、韓国語では「의」（発音は에）を用います。このとき、韓国語の場合は「의」の前に付く数字と連音するので、発音がガラッと変わることがあります。その変化に戸惑っている間に、相手は電話番号をすでに言い終わっていたりもします。

　また、「1（일）」と「2（이）」、そして「3（삼）」と「4（사）」を、私たち日本人は、よく聞き間違える、また言い間違えるようです。「3（삼）」の「ㅁ」パッチムできちんと口を閉じず、「상（さん）」と口を開いたままにしてしまうケースもよく見かけます。

　繰り返し数字の練習をして、連音化、鼻音化、流音化などの音変化に慣れれば、韓国語の発音自体がよくなるでしょう。積極的に「数字の発音練習」に取り組んでみてください。

泉先生の
## ここが Point!

### Point 1　韓国人も紛らわしく感じる「1（일）」「2（이）」

　韓国語の数字の聞き取りを難しく思うのは、韓国語に慣れない外国人ばかりではありません。韓国人もさすがに「1（일）」と「2（이）」の区別は難しいようで、本文のように「1（일）」を「하나」、「2（이）」を「둘」と、固有語の数詞を使って強調し、ゆっくり話しています。また「11」を「일일〔일릴〕」と言わず、「하나 두 개（1が2つ）」と言ったりもします。このように話せば、格段に間違いが減ります。

### Point 2　足す、引く、掛ける、割る

　「足す、引く、掛ける、割る」などを韓国語でどう表現するか知っておくと便利です。例えば「参加費は一人当たり3,000円です。今日は8名いらっしゃるので…、3,000円かける8で合計24,000円になるでしょう」は、

참가비용은 한 사람당 3,000엔입니다. 오늘은 8명이 오시니까… 3,000엔 ×（곱하기）8로 합계 24,000엔이 될 겁니다.

などと言えようになります。

| | 韓国語 | | 計算するときの言い方 |
|---|---|---|---|
| 足し算 | 덧셈 | －더하기（～足す） | 1＋2＝3（일 더하기 이는 삼） |
| 引き算 | 뺄셈 | －빼기（～引く） | 3－1＝2（삼 빼기 일은 이） |
| 掛け算 | 곱셈 | －곱하기（～掛ける） | 2×2＝4（이 곱하기 이는 사） |
| 割り算 | 나눗셈 | －나누기（～割る） | 8÷2＝4（팔 나누기 이는 사） |

# 第4章

## アルファベットの聞き取り、外来語の発音のしかたを身につけましょう

> 　外来語は日本語も韓国語も一緒だから覚える必要はないと思っていませんか？　しかし、外来語には意外な落とし穴があります。実は日本語と韓国語の外来語の発音は、かなり違うことが多いのです。ここでは韓国語のアルファベット、インターネット用語、そして外来語の表記や発音のコツを勉強しましょう。

## 본문 本文

오형수 : 안녕하십니까? 고객서비스센터 오형수입니다. 무엇을 도와 드릴까요?

손나연 : 컴퓨터를 산 지 얼마 안 됐는데 자꾸 멈춰요. 바이러슨가요? 뭐가 문제인지 모르겠어요.

오형수 : 음, 시스템에 문제가 발생한 게 아닐까요?

손나연 : 글쎄요. 잘 모르겠어요.

오형수 : 그러면 우선은 시스템 검사 프로그램을 다운 받을 수 있는 사이트를 가르쳐 드리겠습니다. 메모 가능하세요?

손나연 : 네, 말씀하세요.

오형수 : www.system-checker.com 입니다.

손나연 : 네, 고맙습니다. 혹시 모르니까 메일로도 링크 주소를 보내 주시겠어요?

오형수 : 그럼 메일 어드레스가 어떻게 되세요?

손나연 : son-na-yeon7788@hotmail.com 입니다.

오형수 : 네, 알겠습니다. 바로 보내 드리겠습니다.

| | |
|---|---|
| オ・ヒョンス： | こんにちは。顧客サービスセンター、オ・ヒョンスです。何をお手伝いいたしましょうか。 |
| ソン・ナヨン： | パソコンを買っていくらも経っていないのに、しょっちゅう固まるんです。ウィルスですかね。何が問題なのかわかりません。 |
| オ・ヒョンス： | うーん、システムに問題が生じたのではないでしょうか？ |
| ソン・ナヨン： | どうでしょうか。よくわかりません。 |
| オ・ヒョンス： | では、まずシステム検査のプログラムをダウンロードできるサイトをお教えします。<br>メモは可能ですか？ |
| ソン・ナヨン： | はい、どうぞおっしゃってください。 |
| オ・ヒョンス： | www.system-checker.com です。 |
| ソン・ナヨン： | はい、ありがとうございます。念のためメールでも URL を送っていただけますか？ |
| オ・ヒョンス： | では、メールアドレスを教えていただけますか？ |
| ソン・ナヨン： | son-na-yeon7788@hotmail.com です。 |
| オ・ヒョンス： | はい、わかりました。すぐお送りいたします。 |

## 공략포인트 攻略ポイント

### 1. ビジネスでよく使うインターネット関連用語をおさえましょう

#### 1) 韓国語のアルファベットの読み方

声に出して確認しながら読んでみましょう。

| | | | | | | | | | |
|---|---|---|---|---|---|---|---|---|---|
| A | 에이 | B | 비 | C | 씨 | D | 디 | E | 이 |
| F | 에프 | G | 지 | H | 에이치 | I | 아이 | J | 제이 |
| K | 케이 | L | 엘 | M | 엠 | N | 엔 | O | 오 |
| P | 피 | Q | 큐 | R | 알 | S | 에스 | T | 티 |
| U | 유 | V | 브이 | W | 더블유 | X | 엑스 | Y | 와이 |
| Z | 제트(젯) | | | | | | | | |

## 2) メールアドレス、ホームページの URL に関連した用語など

| メールアドレス | 메일 주소, 메일 어드레스 | | |
|---|---|---|---|
| ハイフン、ダッシュ ( — ) | 다시 | アンダーバー ( _ ) | 언더 바 |
| スラッシュ ( / ) | 슬래시 | コロン ( : ) | 콜론 |
| アットマーク ( @ ) | 골뱅이 | ドット ( . ) | 닷, 점 |
| ドットコム (.com) | 닷컴 | ネット (net) | 넷 |
| ドメイン | 도메인 | ヤフー (Yahoo) | 야후 |
| ハンメール (Hanmail) | 한메일 | ホットメール (Hotmail) * | 핫메일 |
| ネイバー (NAVER) | 네이버 | ジーメール (Gmail) | 지메일 |
| グーグル (Google) | 구글 | 携帯メール | 문자, 메시지 |
| 絵文字 | 그림문자 | 顔文字 | 이모티콘 |

＊ホットメール (Hotmail/ 핫메일) は、〔한메일〕のように発音されることが多いので、ハンメール (Hanmail/ 한메일) と区別するために、MSN と言うことがあります。

A : **메일 주소**를 가르쳐 주시겠어요?
B : 네, park-min-sook5757@hotmail.com입니다. MSN이에요.

　A : メールアドレスを教えていただけますか？
　B : はい、park-min-sook5757@hotmail.comです。MSNです。

A : 동창회 날짜가 잡히는 대로 메일 보낼게요. **지메일**로 보내 드리면 되지요?
B : 아…, **지메일** 말고 **문자**로 보내 주세요.

　A : 同窓会の日程が決まり次第メールを送ります。G-mailにお送りすれば良いですよね。
　B : あ…、G-mailではなくて、携帯メールに送ってください。

## 3) よく使われるインターネット関連用語

| | | | |
|---|---|---|---|
| インターネット | 인터넷 | ホームページ | 홈페이지 (홈피) |
| 検索 | 검색 | ウェブサイト | 웹사이트 |
| ID | 아이디 | パスワード | 패스워드 |
| 暗証番号 | 비밀번호 | サイワールド | 싸이월드* |
| ユーチューブ | 유튜브 | メッセンジャー | 메신저 |
| スカイプ | 스카이프 | チャット | 채팅 |
| ビデオカメラ | 캠 | 動画 | 동영상 |
| アバター | 아바타 | サイバー | 사이버 |
| オンラインゲーム | 온라인 게임 | ツイッター | 트위터 |
| フェイスブック | 페이스북 | | |
| ネチズン | 네티즌 (netizen←network+citizen) | | |
| ソーシャルネットワークサービス (SNS) | 소셜네트워크서비스 (SNS) | | |
| ネットサーフィン | 웹서핑 | | |

＊一部サービス休止

적극적인 선거 참여를 도모하기 위하여 **유튜브**를 통해 다양한 **동영상**을 올렸다.
積極的な選挙への参加を促すため、YouTubeを通じ様々な動画をアップした。

당선자는 **페이스북**과 **트위터**를 통하여 감사의 마음을 표했다.
当選者はフェイスブックとツイッターを通じ、感謝の気持ちを表した。

대통령 발언은 **네티즌**들의 거센 비판을 받고 있다.
大統領の発言は、ネチズンの激しい批判を受けている。

## 2. 外来語の表記法をマスターしましょう

### 1) 外来語表記のコツ

韓国語の外来語は基本的に、原語（主に英語）の発音記号をもとに発音されます。

**＜母音の対応＞** (CD1-24)

日本語の母音と、原語・韓国語とは、おおむね次のように対応します。

| | | | | | | |
|---|---|---|---|---|---|---|
| ア の段 | ギター | guitar[gitɑːr] | 기타 | [ɑ] | ㅏ | アの段は、基本的には ㅏ [a][ɑ]、ㅐ [æ]、ㅓ [ʌ] [ə] の3つに対応します。ㅏ [a][ɑ] に対応すれば日本語の感覚にピッタリですが、残念ながらその頻度は少なく、多くが ㅐ [æ]、ㅓ [ʌ] にもなり、日本語とは、ずれが生じてしまいます。ただ、＊のようにアの段の後に長音が続く場合は ㅓ [ə] となることが多いので、比較的わかりやすいと思います。 |
| | タイミング | timing[taimiŋ] | 타이밍 | [a] | | |
| | バンド | band[bænd] | 밴드 | [æ] | ㅐ | |
| | ファン | fan[fæn] | 팬 | | | |
| | バス | bus[bʌs] | 버스 | [ʌ] | | |
| | バター | butter[bʌtər] | 버터 | | ㅓ | |
| | リーダー＊ | reader[riːdər] | 리더 | [ə] | | |
| | コーナー＊ | corner[kɔːrnər] | 코너 | | | |
| イ の段 | キー | key[kiː] | 키 | [i] | ㅣ | イの段は、基本的に ㅣ [i] に対応するので、問題はないでしょう。 |
| | インディアン | indian[indiən] | 인디언 | | | |
| ウ の段 | ブーム | boom[buːm] | 붐 | [u] | ㅜ | ウの段は、ㅜと ㅡの2つに対応していますが、このうちㅜは原語でも母音（[u]）であるのに対して、ㅡは原語では子音（音節末または次に子音が連続する場合）になりますので、要注意です。 |
| | ブック | book[buk] | 북 | | | |
| | ゴルフ | golf[gɔlf] | 골프 | | ㅡ | |
| | プリンス | prince[prins] | 프린스 | | | |
| エ の段 | メール | mail[meil] | 메일 | [e] | ㅔ | エの段は、基本的には ㅔ [e] に対応することが多いですが、なかには ㅣ [i] や ㅓ [ə] になることもあります。 |
| | ペン | pen[pen] | 펜 | | | |
| | メッセージ | message[mesidʒ] | 메시지 | [i] | ㅣ | |
| | ビデオ | video[vidiou] | 비디오 | | | |
| | バラエティー | variety[vəraiəti] | 버라이어티 | [ə] | ㅓ | |
| | ダイエット | diet[daiət] | 다이어트 | | | |
| オ の段 | ボート | boat[bout] | 보트 | [o] | ㅗ | オの段は、基本的には ㅗ [o][ɔ] に対応しますが、半母音 [j] の次ではアクション＝action[ækʃən]＝액션のように [ə] となり ㅓに対応することがあります。もっとも、ショッピングは shopping [ʃɔpiŋ]＝쇼핑ですから、日本語の拗音（小さいヤ、ユ、ヨが入るもの）が必ずしもそうなるわけではありません。また、ㅡに対応する場合も多くありますが、これはウの段と同じように、原語では子音（音節末または次に子音が連続する場合）になります。 |
| | モード | mode[moːd] | 모드 | | | |
| | コンサート | concert[kɔnsərt] | 콘서트 | [ɔ] | | |
| | ショッピング | shopping[ʃɔpiŋ] | 쇼핑 | | | |
| | アクション | action[ækʃən] | 액션 | | | |
| | ユニオン | union[junjən] | 유니언 | [ə] | ㅓ | |
| | ポイント | point[pɔint] | 포인트 | | | |
| | ドラム | drum[drʌm] | 드럼 | | | |

## ＜子音の対応＞

●原語において、次に母音が続く場合の表記（発音）

| | | | | | | |
|---|---|---|---|---|---|---|
| カ行 | キー | key[ki:] | 키 | [k] | ㅋ | カ行はㅋに対応します。 |
| ガ行 | ハンバーガー | hamburger[hæmbə:rgər] | 햄버거 | [g] | ㄱ | ガ行はㄱに対応します。ただし、ㄱは語頭では無声カ行音になります。 |
| タ行 | タイミング | timing[taimiŋ] | 타이밍 | [t] | ㅌ | タ行はㅌに対応します。 |
| ダ行 | リーダー | leader[lidər] | 리더 | [d] | ㄷ | ダ行はㄷに対応します。ただし、ㄷは語頭では無声タ行音なります。 |
| ハ行 | ハンバーガー | hamburger[hæmbə:rgər] | 햄버거 | [h] | ㅎ | ハ行はㅎに対応します。 |
| バ行 | ビエンナーレ | biennale[bienna:le] | 비엔날레 | [b] | ㅂ | バ行は[b][v]ともにㅂに対応します。ただし、ㅂは語頭では無声パ行音になります。 |
| | ビデオ | video[vidiou] | 비디오 | [v] | | |
| パ行 | ペン | pen[pen] | 펜 | [p] | ㅍ | パ行はㅍに対応します。 |
| ファ行 | ファン | fan[fæn] | 팬 | [f] | | ファ行はㅍに対応します。 |
| サ行 | セクシー | sexy[seksi:] | 섹시 | [s] | ㅅ | サ行は[s][ʃ][θ]ともにㅅに対応します。 |
| | ショッピング | shopping[ʃopiŋ] | 쇼핑 | [ʃ] | | |
| | サーティー | thirty[θə:rti] | 서티 | [θ] | | |
| ザ行 | ファーザー | father[fa:ðər] | 파더 | [ð] | ㄷ | ザ行のうち[z]はㅅに対応しますが、[ð]はㄷとなります（なお、[ð]の無声音[θ]はㅅです。） |
| | ミュージック | music[mju:zik] | 뮤직 | [z] | | |
| ジャ行 | ジャーナル | journal[dʒə:rnəl] | 저널 | [dʒ] | ㅈ | ジャ行はㅈに対応します。ただし、ㅈは語頭では無声チャ行音になります。 |
| | ヴィジョン | vision[viʒən] | 비전 | [ʒ] | | |
| チャ行 | チャンネル | channel[tʃænl] | 채널 | [tʃ] | ㅊ | チャ行はㅊに対応します。 |
| ナ行 | コーナー | corner[kɔ:rnər] | 코너 | [n] | ㄴ | ナ行はㄴに対応します。 |
| マ行 | タイミング | timing[taimiŋ] | 타이밍 | [m] | ㅁ | マ行はㅁに対応します。 |
| ラ行 | リーダー | leader[li:dər] | 리더 | [r] | ㄹ | ラ行のうち、[l]は語頭ではㄹ、語中ではㄹㄹに対応します。[r]はいずれの位置でもㄹになります。 |
| | ブランド | brand[brænd] | 브랜드 | | | |
| | ランド | land[lænd] | 랜드 | [l] | | |
| | コレクション | collection[kɔlekʃən] | 콜렉션 | | ㄹㄹ | |

● 原語において、次に母音が続く場合の表記（発音）

| | | | | | | |
|---|---|---|---|---|---|---|
| ク | テク**ノ**ロジー | technology[te**k**nɔlədʒi] | 테**크**놀러지 | [k] | ㅋ | 基本的にはクはㅋに対応しますが、短母音の後ではセッシーのようにㄱと表します。ただし、その場合でも[n][m][l][r]の前では테크놀러지のようにㅋとなります。なお、長母音の後では파크のように、ㅋとなります。 |
| | パー**ク** | park[pɑ:**k**] | 파**크** | | | |
| | デス**ク** | desk[des**k**] | 데스**크** | | ㄱ | |
| | セ**ク**シー | sexy[se**k**si:] | 섹시 | | | |
| グ | **グ**リーン | green[**g**ri:n] | **그**린 | [g] | ㄱ | グはㄱに対応します。 |
| ト | パー**ト** | part[pɑ:**r**t] | 파**트** | [t] | ㅌ | 基本的にはㅌに対応しますが、短母音の後では캣のようにㅅと表します。なお、長母音の後では、파트のように그대로 ㅌとなります。また、子音の前後でも 트릭 や 아티스트 のように ㅌとなります。 |
| | アーティス**ト** | artist[ɑ:rtist] | 아티스**트** | | | |
| | キャッ**ト** | cat[kæ**t**] | 캣 | | ㅅ | |
| プ | シャー**プ** | sharp[ʃɑ:r**p**] | 샤**프** | [p] | ㅍ | 基本的にはプはㅍに対応しますが、短母音の後では캡のようにㅂと表します。なお、長母音の後では、샤프のようにプとなります。 |
| | スラン**プ** | slump[slʌm**p**] | 슬럼**프** | | | |
| | キャッ**プ** | cap[kæ**p**] | 캡 | | ㅂ | |
| ブ | **ブ**ランド | brand[**b**rænd] | **브**랜드 | [v] | ㅂ | ブは[b][v]ともに브に対応します。 |
| | ラ**ブ** | love[lʌ**v**] | 러**브** | | | |
| ド | **ド**ラム | drum[**d**rʌm] | **드**럼 | [d] | ㄷ | ドは드に対応します。 |
| フ | ゴル**フ** | golf[gɔl**f**] | 골**프** | [f] | ㅍ | フ[f]はプに対応します。 |
| ス | **ス**リル | thrill[θril] | **스**릴 | [s] | ㅅ | スは[s][θ]ともに스に対応します。 |
| ズ | リ**ズ**ム | rhythm[ri**ð**m] | 리듬 | [ð] | ㄷ | ズのうち、子音の前の[ð]は드に、語末の[dz]は즈に対応します。 |
| | オッ**ズ** | odds[ɑ**dz**] | 아즈 | [dz] | ㅈ | |
| ツ | シャ**ツ** | shirts[ʃə:r**ts**] | 셔**츠** | [ts] | ㅊ | 語末のツは츠に対応します。 |
| チ | スイッ**チ** | switch[swi**tʃ**] | 스위**치** | [tʃ] | 치 | 語末のチは치に対応します。 |
| ジ | ブリッ**ジ** | bridge[bri**dʒ**] | 브리**지*** | [dʒ] | 지 | 語末のジは지に対応します。 |
| ジュ | ミラー**ジュ** | mirage[mirɑ:ʒ] | 미라**지** | [ʒ] | | 語末のジュは지に対応します。日本語はウの段ですから、違和感がありますね。 |
| シュ | フラッ**シュ** | flash[flæ**ʃ**] | 플래**시** | [ʃ] | 시 | 語末のシュは시に対応します。日本語ではウの段ですから、違和感がありますね。 |
| ン | バ**ン**ド | band[bæ**n**d] | 밴드 | [n] | ㄴ | ンは[n]がㄴ、[m]がㅁ、[ŋ]がㅇに対応します。また、ングはㅇに対応します。 |
| | メ**ン**バー | member[me**m**bə:r] | 멤버 | [m] | ㅁ | |
| | シ**ン**グル | single[si**ŋ**gl] | 싱글 | [ŋ] | ㅇ | |
| ング | エンジニアリ**ング** | enginering[endʒiniəri**ŋ**] | 엔지니어리**ㅇ** | [ŋ] | | |
| ル | レベ**ル** | level[lev**l**] | 레벨 | [l] | ㄹ | ルのうち、[l]はㄹ、[r]はㄹに対応しますが、[l]の後に[m][n]が続く場合は、ㄹㄹと表記します。 |
| | フィ**ル**ム | film[fi**l**m] | 필름 | | ㄹㄹ | |
| | コールター**ル** | coal tar[koul-tɑ:**r**] | 콜타**르** | [r] | ㄹ | |

＊本書では「브리지」を「브릿지」と表記しています。

出典：『韓国語ジャーナル』21号・22号「もっと誤用にご用心」／執筆：山下誠・尹貞源

## 2) ビジネスに多く登場する外来語

| | | | |
|---|---|---|---|
| アイデア | 아이디어 | イメージ | 이미지 |
| インターナショナル | 인터내셔널 | インターンシップ | 인턴십 |
| インタビュー | 인터뷰 | ウェブ | 웹 |
| ウェルビン* | 웰빙 | エンジニア | 엔지니어 |
| カテゴリー | 카테고리 | カバー | 커버 |
| カラー | 컬러 | キャラクター | 캐릭터 |
| キャリア | 커리어 | グループ | 그룹 |
| コピー | 카피, 복사 [複寫] | コミュニケーション | 커뮤니케이션 |
| コンピューター | 컴퓨터 | サービス | 서비스 |
| サンプル | 샘플 | システム | 시스템 |
| ジャンル | 장르 | ショップ | 숍 |
| スケジュール | 스케줄 | ストレス | 스트레스 |
| センター | 센터 | ソフトウエア | 소프트웨어 |
| タイミング | 타이밍 | チーム | 팀 |
| チームワーク | 팀워크 | データ | 데이터 |
| テーマ | 테마 | デザイン | 디자인 |
| デザイナー | 디자이너 | デモンストレーション | 데먼스트레이션 |
| トラブル | 트러블 | トレーニング | 트레이닝 |
| ニュアンス | 뉘앙스 | パターン | 패턴 |
| バッテリー | 배터리 | ビジネス | 비즈니스 |
| ビル | 빌딩 | ファイル | 파일 |
| ファックス | 팩스 | プラス | 플러스 |
| フリー | 프리 | プレゼンテーション | 프레젠테이션 |
| プログラム | 프로그램 | ページ | 페이지, 쪽 |
| ベテラン | 베테랑 | ポイント | 포인트 |
| ボーナス | 보너스 | マーケット | 마켓 |
| マイナス | 마이너스 | マンツーマン | 맨투맨 |

| | | | |
|---|---|---|---|
| メーカー | 메이커, 제조업체 [製造業體] | メッセージ | 메시지 |
| モニター | 모니터 | ユーモア | 유머 |
| ユニーク | 유니크, 독특 [獨特] | リード | 리드 |
| レベル | 레벨 | レポート | 리포트 |
| ワークショップ | 워크샵 (워크숍) | | |

＊웰빙（well-being）：心身の健康を追求すること。健康志向ブームで誕生した言葉。

새로운 **마켓**을 뚫기 위해서는 좀 더 색다른 **디자인**이 **플러스**돼야 할 것 같습니다.

新しいマーケットを切り開くためには、もう少し風変わりなデザインがプラスされなければならないと思います。

앞으로 **인턴십**을 통한 신입사원 채용이 더욱 확대될 전망입니다.

今後インターンシップを通じた新入社員の採用が、さらに拡大される見込みです。

**소프트웨어 프로그램**에 관한 **프레젠테이션**이 있어서 요즘 정신이 없어요.

ソフトウエアのプログラムに関するプレゼンテーションがあって、最近あわただしいです。

## 연습 練習

**1.** CDを聞いて下線を埋めましょう。

1. _____로 연락을 해 주시기 바랍니다.
2. 저희 회사의 _____는 _____입니다.
3. _____는 _____입니다. 제일 앞 자만 대문자이고 나머지는 소문자입니다.
4. 제 이름은 이상원이고요, 영어 _____은 _____입니다.
5. _____앞으로 _____을 보내 주시면 됩니다.

**2.** CDを聞いて下線を埋めましょう。

1. 사장님 _____에 맞춰 조절해 보겠습니다.
2. 이번에 _____한 _____인데 반응이 아주 좋습니다.
3. 저희 사장님께서는 _____가 있으신 분이세요.
4. 오늘 미국 선생님하고 _____ 영어 수업이 있어요.

**3.** 自分の業務でよく使う外来語を使って自由に作文しましょう。

【例】저희 학원의 커리큘럼은 레벨이 5개로 나누어져 있습니다.

**4.** 自分のメールアドレスや会社のホームページ、よく見るホームページのURLなどを伝えましょう。

【例】제 메일 어드레스는 watanabe@ikbridge.co.jp 입니다.

## 泉先生の ここがPoint!

### Point 1　外来語も「韓国語の単語」のひとつ。しっかり調べましょう

　日本人が書いた韓国語の作文で、日本語の外来語や外来語の固有名詞などがそのままハングルに置き換えられているものをよく見かけます。例えば「キャラクター　캬라쿠타（正しくは、캐릭터）」「ニューヨーク　뉴요쿠（正しくは、뉴욕）」といったふうに。これが英語などだったら、きっと辞書やインターネットなどで綴りを調べるのではないか…と思うのですが、韓国語の場合「日本語と似ている」「外来語は同じ言葉を用いているようだ」という安心感から、きちんと綴りを調べずに書いてしまうようですね。

　外来語を見たら「韓国語ではどう書くのかな」と考える習慣をつけましょう。日本で日常的に用いられている外来語は、日韓辞典に掲載されています。韓国語の外来語も「れっきとした韓国語の単語である」ということを念頭に、きちんと辞書で綴りを調べ、正しく書き、そして発音するように心がけましょう。

### Point 2　韓製英語や日本語由来の外来語

　外来語といっても、必ずしも英語からきたものばかりでなく、韓国で生まれた韓製英語や日本語の和製英語がそのまま韓国に入ったものもあります。例えば、「투잡」という言葉は韓国で生まれた単語ですが、「two job」から来ているようです。意味は「サイドビジネス」で、英語では「side business (job)」です。和製英語がそのまま韓国に入り定着しているものは、「오토바이（オートバイ）」「오라이 오라이（オーライ、オーライ。車を誘導するときのかけ声）」などたくさんあります。

### Point 3　韓国語の外来語も変化しています

　外来語の中には辞書に載っている発音と、多くの人がよく用いる発音が違うこともあります。例えば、辞書には「비즈니스」と載っていますが「비지니스」と書き、そう発音する人も少なくありません。「正しい言葉」を知ることはもちろん大切ですが、「より多くの人が用いる言葉」も同時に知っておくという姿勢も持ち合わせていたいものです。

# 第 5 章

## スムーズな電話応対をしましょう

　韓国語で、お客様や取引先に失礼のない電話の応対ができますか？

　日本のオフィスでは「ただいま外出しております」「お休みをいただいております」など、独特の言い回しをしていますが、韓国語も同様です。ここで基本的な電話応対の表現を整理しておきましょう。

## 本文

◎電話応対 1　話したい相手、取り次ぎたい相手が在席のとき

김영수 : 감사합니다. 한국 시스템의 김영수입니다. (1-1)
사루야마 : 안녕하십니까? 아이 케이 브릿지의 사루야마
　　　　　 입니다. (2-1)
　　　　　 박동석 부장님 계십니까? (2-2)
김영수 : 네, 계십니다. 잠시만 기다려 주십시오. (1-2)
박동석 : 전화 바꿨습니다. 박동석입니다.

> キム・ヨンス： ありがとうございます。韓国システムのキム・ヨンスです。
> 　　猿山： こんにちは。アイケーブリッジの猿山です。
> 　　　　　　パク・トンソク部長いらっしゃいますか？
> キム・ヨンス： はい、いらっしゃいます。少々お待ちください。
> パク・トンソク： お電話代わりました。パク・トンソクです。

◎電話応対 2　話したい相手、取り次ぎたい相手が席をはずしているとき

김영수 : 감사합니다. 한국 시스템의 김영수입니다. (1-1)
사루야마 : 안녕하십니까? 아이 케이 브릿지의 사루
　　　　　 야마입니다. (2-1)
　　　　　 박동석 부장님 부탁드립니다. (2-2)
김영수 : 죄송합니다. 지금 자리에 안 계십니다. (1-3)
　　　　 사내에는 계시는 것 같은데, 메모를 남겨
　　　　 드릴까요? (1-4)
사루야마 : 그럼 사루야마한테서 전화 왔었다고 전해
　　　　　 주시겠습니까? (2-3)
김영수 : 네, 알겠습니다. (1-5)
사루야마 : 부탁드리겠습니다. (2-4)

> キム・ヨンス： ありがとうございます。韓国システムのキム・ヨンスです。
> 猿山： こんにちは。アイケーブリッジの猿山です。
> 　　　 パク・トンソク部長をお願いいたします。
> キム・ヨンス： 申しわけありません。ただいま席にいらっしゃいません。
> 　　　 社内にはいらっしゃるようなのですが、メモを残しておきましょうか？
> 猿山： では、猿山から電話があったと伝えていただけますか？
> キム・ヨンス： はい、わかりました。
> 猿山： よろしくお願いいたします。

本文中の数字は、次の「状況別電話対応の例」の数字に対応しています。

## 공략포인트 攻略ポイント

### ○状況別電話対応の例

#### 1) 電話を受ける

**1-1** 電話に出る

감사합니다. _____의 _____입니다.
ありがとうございます。(会社名)の(名前)です。

**1-2** 電話を取り次ぐ

네, 계십니다. 잠시만 기다려 주십시오.
はい、いらっしゃいます。少々お待ちください。

바꿔 드리겠습니다.　代わらせていただきます。

영업부로 돌려 드리겠습니다.　営業部にお回しいたします。

바로 연결해 드리겠습니다.　ただいまお繋ぎいたします。

**1-3** 取り次ぐ相手がいない場合や取り次ぐことができない場合

죄송합니다. 지금 자리에 안 계십니다.
申しわけありません。ただいま席にいらっしゃいません。

잠시 자리를 비우셨습니다.　少し席をはずされています。

오늘은 이미 퇴근하셨습니다.　本日はもう退勤されました。

오늘은 휴무라서 출근 안 하셨습니다.
今日はお休みのため出勤されていません。

다음 주까지 유급휴가 받으셨습니다.
来週まで有給休暇を取られました。

출산휴가 받으셔서 당분간 회사에 안 나오십니다.
産休を取られて当分の間会社には出て来られません。

출장 중이셔서 이번 주 내내 회사에 안 오십니다.
出張中のため今週いっぱいは会社にいらっしゃいません。

오늘은 지점으로 바로 출근하셨습니다.
今日は支店に直接出勤されました。

거래처 방문 후에 바로 퇴근하실 겁니다.
取引先訪問後、そのまま退勤される予定です。

회의 중이라서 지금 전화를 받으실 수 없습니다.
会議中でいま電話にお出になることができません。

지금 통화 중이신데 잠시 기다리시겠습니까?
ただいま電話中なのですが、少しお待ちになりますか?

## 1-4　対処

실례지만 어디십니까?　失礼ですが、どちら様ですか?

무슨 일로 전화하셨습니까?　どのようなご用件でお電話されましたか?

어떻게 전화하셨습니까?　どのようなご用件ですか?

누구시라고 말씀드릴까요?　どちら様だとお伝えしましょうか?

성함을 다시 한번 말씀해 주시겠습니까?
お名前をもう一度おっしゃっていただけますか?

전화번호가 어떻게 되십니까? 電話番号を教えていただけますか？

메모 남기시겠습니까? メモをお残しになりますか？

전해 드릴 말씀이라도 있으십니까?
お伝えすることなどございますか？

전화드리라고 전해 드릴까요?
お電話をいたしますようお伝えいたしましょうか？

2시쯤에 돌아오시니까 다시 전화를 주시겠습니까?
2時ごろに戻られますので、もう一度お電話をいただけますか？

돌아오시는 대로 전화드리라고 하겠습니다.
お戻りになったらすぐお電話差し上げるよう伝えます。

3시쯤에는 돌아오실 것 같습니다.
3時ごろにはお戻りになると思います。

30분 후에 돌아오실 겁니다. 30分後にお戻りになる予定です。

언제쯤 돌아오실지 확인한 후에 다시 연락드리겠습니다.
いつごろ戻られるか確認したあと、改めてご連絡いたします。

그렇게만 전해 드리면 될까요?
そのようにお伝えすればいいでしょうか？

글쎄요. 언제쯤 돌아오실지 잘 모르겠습니다.
そうですね。いつごろお戻りになるか、よくわかりません。

## 1-5 電話を切る

알겠습니다. わかりました。

감사합니다. ありがとうございます。

부탁드리겠습니다. お願いいたします。

안녕히 계십시오. さようなら。

좋은 하루 되세요. 良い一日をお過ごしください。

네, 전해 드리겠습니다. はい、お伝えいたします。

## 2) 電話をかける

**2-1** 電話をかける

안녕하십니까? ＿＿＿＿＿＿의 ＿＿＿＿＿＿입니다.
こんにちは。(会社名) の (名前) です。

**2-2** 電話を取り次いでもらう

이용호 과장님 부탁드립니다. イ・ヨンホ課長をお願いします。

박지용 차장님 자리에 계십니까?
パク・チヨン次長は席にいらっしゃいますか?

수고 많으십니다. 김수미 씨 계십니까?
お疲れさまです。キム・スミさんはいらっしゃいますか?

**2-3** 取り次いでもらいたい相手がいない場合

그러면 다시 전화드리겠습니다. では、改めてお電話いたします。

사토한테서 전화 왔었다고 전해 주시겠습니까?
佐藤から電話があったとお伝えいただけますか?

돌아오시는 대로 전화해 달라고 전해 주십시오.
戻られたら、すぐ電話をくださいとお伝えください。

그럼 오후에 다시 연락드리겠습니다.
では、午後に改めてご連絡いたします。

메모를 좀 남겨 주시겠습니까? メモを残していただけますか?

언제쯤 돌아오십니까? いつごろお戻りになられますか?

언제쯤 통화 가능하십니까? いつごろお電話可能でいらっしゃいますか?

언제쯤 연락드리면 계실까요?
いつごろ連絡差し上げればいらっしゃいますか?

회사 내에는 계십니까?　社内にはいらっしゃいますか？

회사로 다시 돌아오십니까?　会社にまたお戻りになりますか？

그렇게 말씀하시면 아실 겁니다.
そのようにおっしゃっていただければおわかりになるかと思います。

**2-4**　電話を切る

감사합니다.　ありがとうございます。

부탁드리겠습니다.　お願いいたします。

안녕히 계십시오.　さようなら。

수고하십시오.　お疲れさまです。

『シゴトの韓国語　基礎編』（三修社）のコラムなどで、電話応対で役立つ、以下のようなビジネスマナーを紹介しています。

- ビジネスでも「アンニョンハシムニカ？」（7ページ）
- 「-씨」と「～さん」は同じ使い方でOK？（7ページ）
- 「-씨」の使える範囲は？－私は朴部長です（8ページ）
- 「金課長はいらっしゃいますか？」「いいえ、金課長は外出されています」（22ページ）
- 「여보세요？（もしもし）」はビジネスに不向き？（22ページ）
- 「○○中」「部署名」（18ページ）

ぜひ、お手にとってご覧ください。

## 練習

**1.** 次の日本語を韓国語にしましょう。

1. どちら様とお伝えしましょうか？
2. どのようなご用件でお電話されましたか？
3. 休暇中のため今週いっぱいは会社にいらっしゃいません。
4. 取引先訪問後、そのまま退勤される予定です。
5. 戻られたら、すぐ電話をくださいとお伝えいただけますか？

**2.** 下線部をオフィスの電話応対にふさわしい文章に替えましょう。

A : 1. 여보세요. 삼창물산입니다.
B : 2. 여보세요. ABC 주식회사 안익환입니다.
　　박동석 부장님 3. 있어요?
A : 4. 지금 없어요.
B : 5. 언제쯤 돌아와요?
A : 3시쯤에는 6. 돌아올 거예요. 7. 전할 말 있어요?
B : 그럼, 사루야마한테서 8. 전화 왔었다고 말해 주세요.
A : 네, 9. 알았어요.

**3.** アイケーブリッジ（아이 케이 브릿지）の社員、韓国システム（한국 시스템）の社員になって電話をかけたり受けたりしましょう。

1. アイケーブリッジ側のあなたが、韓国システムに電話をかけます。次の人々を呼び出してください。**2-1**〜**2-4**の表現を用いましょう。

| 【韓国システムの社員】 | | |
|---|---|---|
| ・안종민 사장 | ・서정구 전무 | ・최민식 상무 |
| ・박은아 부장 | ・김영수 과장 | ・김수미 대리 |

**2.** 韓国システム側の人が電話を受けます。社内は以下の表のような状況です。
**1-1 ~ 1-5** で学んださまざまな表現を用いましょう。

〈안종민 사장〉 회의 중   〈서정구 전무〉 있음   〈최민식 상무〉 외근 중

상황 : 1시간 정도 걸릴 거다                    상황 : 14시에 돌아올 거다

〈박은아 부장〉 부재 중   〈김영수 과장〉 유급휴가   〈김수미 대리〉 통화 중

상황 : 화장실? 바로 돌아올
것 같다
　　　　　　　　　상황 : 내일은 출근할 거다   상황 : 꽤 오래 걸릴 것 같다

## 会話例

A : 감사합니다. 한국 시스템의 _____입니다.
B : 안녕하십니까? 아이 케이 브릿지의 _____
　　입니다. 김수미 대리님 자리에 계십니까?
A : 죄송합니다. 지금 통화 중입니다. 좀 오래 걸릴 것
　　같은데요….
B : 그러면 다시 전화드리겠습니다.
A : 메모를 남겨 드릴까요?
B : 아니요, 괜찮습니다.
A : 알겠습니다. 감사합니다.
B : 네, 안녕히 계세요.

## 泉先生の ここが Point!

### Point 1　電話で使う「수고 많으십니다.」「수고하세요.」は？

韓国では電話がつながったときに

　수고 많으십니다.

と言ったり、電話を切るときに

　수고하세요.

などと言ったりすることがあります。意味は「お疲れさまです」ですが、これは日本で電話がつながったときによく使う「お世話になっております」や、電話を切るときによく使う「失礼します」に似ています。そういった感覚で使うとよいでしょう。

### Point 2　「肩書きを教えてください」

韓国は肩書社会。韓国の会社には平社員があまりいません。特に海外と取引をするような会社はその傾向が強く、韓国人から

　직함이 어떻게 되십니까?
　　肩書きを教えていただけますか？

と聞かれることも多いです。特に肩書きがない場合、

　직함이 없습니다. 그냥 평사원입니다.
　　肩書きはありません。ただの平社員です。

と言うしかないのですが、小さい組織であれば、韓国側とのバランスを取るために「팀장（チーム長）」などの肩書きを付けてもらうというのも一つの手かもしれません。

# 第 6 章

## オフィスでの伝言のしかたを身につけましょう

「パク部長が明日お戻りになるとのことです」、「社長が、メンバーは何名かとおっしゃっていましたが…」といったように、仕事では、あるものごとや情報を伝達するシーンが頻繁に登場します。

「私」が「相手」に「第三者」の行動や言動を伝えるには、正しい敬語表現を適切に使うことが大切です。敬語表現と間接引用文について、しっかりここで練習して、正確な伝言のしかたを身につけましょう。

## 본문 本文

비서: 이사님, 오전에 한국 상사의 이상훈 부장님한테서 전화가 왔었습니다.
박 이사: 그래요? 뭐라고 하시던가요?
비서: 어제 말씀드린 샘플과 견적서를 최대한 빨리 좀 보내 달라고 하셨습니다.
박 이사: 그럼 김 차장한테 견적서 빨리 작성해 달라고 해 줄래요? 그리고 공장에 전화해서 샘플 준비됐냐고 물어보세요.
비서: 네, 알겠습니다. 그리고 좀 전에 사장실에서 오늘 회의를 3시로 변경하자는 연락이 있었습니다.
박 이사: 그래요? 그럼 이 서류를 회의 전까지 10부씩 복사 좀 해 줘요. 시간이 별로 없으니까 서둘러 줘요.

---

秘書: 理事、午前中に韓国商事のイ・サンフン部長からお電話がありました。
パク理事: そうですか。なんとおっしゃっていましたか？
秘書: 昨日申し上げたサンプルと見積書をできるだけ早く送ってくださいとおっしゃっていました。
パク理事: ではキム次長に見積書を早く作成してほしいと伝えていただけますか？ それと工場に電話をして、サンプルの準備ができたか聞いてください。
秘書: はい、わかりました。それからつい先ほど社長室から今日の会議を3時に変更しようという連絡がありました。
パク理事: そうですか。ではこの書類を会議の前までに10部ずつコピーしてください。時間があまりないので急いでください。

### 공략포인트 攻略ポイント

**1. 間接引用文を使いこなしましょう**

引用文には「直接引用文」と「間接引用文」の２種類があります。本文でもおわかりのように、オフィスでは間接引用文が多く用いられます。

○**直接引用文**

과장님은 '이것이 문제입니다.'라고 하셨습니다.
課長は「これが問題です」とおっしゃっていました。

○**間接引用文**

과장님은 이것이 문제라고 하셨습니다.
課長は、これが問題だとおっしゃっていました。

**1)「間接引用文」のつくり方**

|  | 名詞 | 動詞 | 形容詞 | 過去形、未来形、存在詞 (있다, 없다) |
|---|---|---|---|---|
| 叙述文 | ① -(이) 라고 하다 | ③ -ㄴ / 는다고 하다 | ⑦ - 다고 하다 | ⑦ - 다고 하다 |
| 疑問文 | ② -(이) 냐고 하다 | ④ -(느) 냐고 하다 | ⑧ -(으) 냐고 하다 | ④ -(느) 냐고 하다 |
| 命令文 |  | ⑤ -(으) 라고 하다 |  |  |
| 勧誘文 |  | ⑥ - 자고 하다 |  |  |

＊目上の人のことを話すときや、話題にしている人が目の前にいる場合など、主語にも以下のように敬語の助詞を付けて話すことがありますが、この章では通常の助詞で統一しています。

손님**께서** 왜 아무도 없냐고 하십니다.
お客様がなぜ誰もいないのかとおっしゃっています。

＊省略形の引用文はカジュアルな雰囲気をもつので、状況や使う相手に注意しましょう。また、省略形でも以下のように敬語を用いることがありますが、この章では敬語を用いない表現に統一しています。

손님이 왜 아무도 없냐**십**니다. / 없냐**세**요.
お客様が、なぜ誰もいないのかとのことです。

☞ 直=直接引用文、 間=間接引用文、 省=省略形

① -(이) 라고 하다

- 直 김수미 씨는 '다음 주까지 휴무입니다.' 라고 했습니다.
  キム・スミさんは「来週までお休みです」と言っていました。

- 間 김수미 씨는 다음 주까지 휴무라고 했습니다.
  キム・スミさんは、来週までお休みだと言っていました。

- 省 김수미 씨는 다음 주까지 휴무랍니다. / 래요.
  キム・スミさんは、来週までお休みだそうです。

② -(이) 냐고 하다

- 直 손님이 '누가 담당자입니까?' 라고 하십니다.
  お客様が「誰が担当者ですか?」とおっしゃっています。

- 間 손님이 누가 담당자냐고 하십니다.
  お客様が、誰が担当者かとおっしゃっています。

- 省 손님이 누가 담당자냡니다. / 냬요.
  お客様が、誰が担当者かとのことです。

③ -ㄴ / 는다고 하다

- 直 스즈키 씨는 '오늘은 회의가 있어서 시간이 없어요.' 라고 했어요.
  鈴木さんは「今日は会議があって時間がありません」と言っていました。

- 間 스즈키 씨는 오늘은 회의가 있어서 시간이 없다고 했어요.
  鈴木さんは、今日は会議があって時間がないと言っていました。

- 省 스즈키 씨는 오늘은 회의가 있어서 시간이 없답니다. / 없대요.
  鈴木さんは、今日は会議があって時間がないそうです。

④ - (느) 냐고 하다

- 直 김수미 씨가 '어디에 출장을 갑니까?'라고 했습니다.
  キム・スミさんが「どこへ出張に行きますか?」と言っていました。

- 間 김수미 씨가 어디에 출장을 가냐고 했습니다.
  キム・スミさんが、どこに出張に行くのかと言っていました。

- 省 김수미 씨가 어디에 출장을 가냡니다. / 가내요.
  キム・スミさんが、どこに出張に行くのかとのことです。

- 直 손님이 '왜 아무도 없어요?'라고 하십니다.
  お客様が「なぜ誰もいないのですか?」とおっしゃっています。

- 間 손님이 왜 아무도 없냐고 하십니다.
  お客様が、なぜ誰もいないのかとおっしゃっています。

- 省 손님이 왜 아무도 없냡니다. / 없내요.
  お客様が、なぜ誰もいないのかとのことです。

⑤ - (으) 라고 하다

- 直 부장님이 '회의 시작하기 10분 전에 도착하세요.'라고 하셨습니다.
  部長が「会議が始まる10分前に到着してください」とおっしゃっていました。

- 間 부장님이 회의가 시작하기 10분 전에 도착하라고 하셨습니다.
  部長が、会議が始まる10分前に到着するようにとおっしゃっていました。

- 省 부장님이 회의가 시작하기 10분 전에 도착하랍니다. / 도착하래요.
  部長が、会議が始まる10分前に到着するようにとのことです。

⑥ - 자고 하다

- 直 사장님이 '이번 프로젝트가 끝나면 회식 한번 합시다.' 라고 하십니다.
  社長が「今回のプロジェクトが終わったら、一度食事でもしましょう」とおっしゃっています。

- 間 사장님이 이번 프로젝트가 끝나면 회식 한번 하자고 하십니다.
  社長が、今回のプロジェクトが終わったら一度食事でもしようとおっしゃっています。

- 省 사장님이 이번 프로젝트가 끝나면 회식 한번 하잡니다. / 하재요.
  社長が、今回のプロジェクトが終わったら一度食事でもしようとのことです。

⑦ - 다고 하다

- 直 동석 씨는 '그날은 바빠요.'라고 했습니다.
  トンソクさんは「その日は忙しいです」と言っていました。

- 間 동석 씨는 그날은 바쁘다고 했습니다.
  トンソクさんは、その日は忙しいと言っていました。

- 省 동석 씨는 그날은 바쁘답니다. / 대요.
  トンソクさんは、その日は忙しいそうです。

- 直 김 대리님이 '벌써 끝났습니다.'라고 하셨어요.
  キム代理が「もう終わりました」とおっしゃっていました。

- 間 김 대리님이 벌써 끝났다고 하셨어요.
  キム代理が、もう終わったとおっしゃっていました。

- 省 김 대리님이 벌써 끝났답니다. / 대요.
  キム代理が、もう終わったそうです。

⑧ -(으)냐고 하다

- 直 사장님이 '회식 장소는 어디가 좋아요?'라고 하셨습니다.
  社長が、「会食の場所はどこがいいですか?」とおっしゃっていました。

- 間 사장님이 회식 장소는 어디가 좋으냐고 하셨습니다.
  社長が、会食の場所はどこがいいかとおっしゃっていました。

- 省 사장님이 회식 장소는 어디가 좋으냡니다. / 좋으내요.
  社長が、会食の場所はどこがいいかとのことです。

## 2) 「달라고 하다」と「주라고 하다」

文中の主語が何かを「もらう・やってもらう」場合は「달라고 하다」を使い、第三者に何かを「あげる・やってあげる」場合は「주라고 하다」を使います。前者は「お願い」をしているニュアンスが、後者はやや「指示」をしているようなニュアンスが出ます。

① 달라고 하다

- 直 손님이 '팸플릿을 주세요.'라고 하셨어요.
  お客様が「パンフレットをください」とおっしゃっていました。

- 間 손님이 팸플릿을 달라고 하셨어요.
  お客様が、パンフレットをくださいとおっしゃっていました。

- 省 손님이 팸플릿을 달랍니다. / 달래요.
  お客様が、パンフレットをくださいとのことです。

- 直 과장님이 '일 좀 도와주세요.'라고 하십니다.
  課長が「ちょっと仕事を手伝ってください」とおっしゃっています。

- 間 과장님이 일 좀 도와 달라고 하십니다.
  課長が、ちょっと仕事を手伝ってほしいとおっしゃっています。

- 省 과장님이 일 좀 도와 달랍니다. / 달래요.
  課長が、ちょっと仕事を手伝ってほしいとのことです。

② 주라고 하다 (드리라고 하다)

- 直 지점장님이 '아이에게 풍선을 주세요.'라고 하셨습니다.
  支店長が「子供に風船をあげてください」とおっしゃっていました。

- 間 지점장님이 아이에게 풍선을 주라고 하셨습니다.
  支店長が、子供に風船をあげてくださいとおっしゃっていました。

- 省 지점장님이 아이에게 풍선을 주랍니다. / 주래요.
  支店長が、子供に風船をあげてとのことです。

- 直 과장님이 '수미 씨를 도와 드리세요.'라고 하십니다.
  課長が「スミさんを手伝って差し上げてください」とおっしゃっています。

- 間 과장님이 수미 씨를 도와 드리라고 하십니다.
  課長が、スミさんを手伝って差し上げてくださいとおっしゃっています。

- 省 과장님이 수미 씨를 도와 드리랍니다. / 드리래요.
  課長が、スミさんを手伝って差し上げてくださいとのことです。

## 3) 状況の報告のしかた

パク・ユナ部長とキム・ヨンス課長の会話を、間接引用文を用いて第三者に報告している例です。報告者は二人の部下なので、敬語表現を用いています。二人の会話をどのように報告しているかみてみましょう。

《会話文》

박유나 : 김 과장, 내일 일본 가면 와시오 사장님을 만난다고 했지요?

김영수 : 네, 그렇습니다. 전해 드릴 말씀이라도 있으십니까?

박유나 : 다름이 아니라, 사장님 만나면 다음 달 상담회가 연기되었다고 전해 주세요.

김영수 : 네, 알겠습니다. 그렇게만 전해 드리면 됩니까?

박유나 : 그리고 시간이 생기면 한번 나한테 전화 달라고 해 주세요. 사장님은 워낙 바쁘셔서 몇 번 전화를 해도 안 받으시거든요.

김영수 : 그렇습니까? 11월은 비교적으로 한가하다고 하셨는데….

パク・ユナ： キム課長、明日日本に行ったら鷲尾社長に会うとのことでしたよね。
キム・ヨンス： はい、そうです。お伝えすることでもございますか？
パク・ユナ： ほかでもなく、社長に会ったら来月の商談会が延期になったと伝えてください。
キム・ヨンス： はい、わかりました。それだけお伝えすればよろしいでしょうか。
パク・ユナ： それと時間ができたら一度私に電話をくださいと言ってください。なにしろ社長はお忙しくて何度電話をしてもお出にならないんです。
キム・ヨンス： そうですか？ 11月は比較的暇だとおっしゃっていたのですが…。

《報告文》

박유나 부장님께서 김영수 과장님께 일본 가면 와시오 사장님을 **만나냐고**[1)-④] 하셨습니다. 김영수 과장님은 **그렇다고**[1)-⑦] (**만난다고**[1)-③]) 하시고 전해 드릴 말씀이라도 **있으시냐고**[1)-④] 물으셨습니다. 박유나 부장님은 다음 달 상담회가 연기된 것을 전해 **달라고**[2)-①] 하시고 시간이 생기면 전화 **달라고**[2)-①] 하셨습니다. 박유나 부장님이 몇 번 전화를 드려도 와시오 사장님은 전화를 안 **받으신다고**[1)-③] 합니다. 그래도 김영수 과장님은 와시오 사장님한테서 11월은 비교적 **한가하다고**[1)-⑦] **들었다고**[1)-⑦] 하셨습니다.

パク・ユナ部長はキム・ヨンス課長に、日本に行ったら鷲尾社長に会うのかとおっしゃっていました。キム・ヨンス課長はそうだとおっしゃり、お伝えすることでもおありかと尋ねられました。パク・ユナ部長は来月の商談会が延期になったことを伝えて欲しいとおっしゃり、時間があったら電話がほしいとおっしゃっていました。パク・ユナ部長が何度電話を差し上げても鷲尾社長は電話にお出にならないそうです。しかし、キム・ヨンス課長は鷲尾社長から11月は比較的暇だと聞いているとおっしゃってました。

### 연습 練習

**1.** 間接引用文に直しましょう。

1. 수미 씨가 '이건 우리 회사 제품이 아니에요.'라고 했어요.
2. 손님이 '본사는 어디입니까?'라고 하셨습니다.
3. 신입사원인 홍기준 씨가 '맥주를 잘 마셔요.'라고 했어요.
4. 회장님이 '요즘 어떤 것이 잘 팔려요?'라고 하셨습니다.
5. 사장님이 '망설이지 말고 빨리 결정해.'라고 하셨습니다.
6. 김 과장님이 '오늘은 아침까지 마시고 죽자!'라고 하셔서 걱정이에요.
7. 박 부장님이 '다음에는 저희가 대접하겠습니다.'라고 하셨습니다.
8. '1시간 정도라면 괜찮습니다.'라고 하시는데 어떻게 하시겠어요?

**2.** 「달라고 하다」「주라고 하다」를 使った形に直しましょう。

1. 사장님이 '태원 씨에게 술을 따라 줘.'라고 하십니다.
2. 이사님이 '바로 한국 상사의 견적서를 보내세요.'라고 하셨어요.
3. 부장님이 '오늘 회의 시간 변경을 강 차장님한테 말해 주세요.'라고 하셔서 전화드렸습니다.
4. 사장님이 '신입사원들을 신경 써서 잘 가르쳐 주세요.'라고 신신당부하셨어요.
5. 과장님이 '오늘 중으로 제안서를 주세요.'라고 하시는데, 못 할 것 같습니다.

**3.** 本文の秘書の立場になって、パク理事との会話を引用しながらキム次長に状況を説明し、見積書作成を依頼しましょう。

차장님, 김수미입니다. 한국 상사의 이 부장님한테서 전화가 와서 샘플과 견적서를 빨리 (　　　　　　　　　).
박 이사님께 말씀드렸더니 차장님한테 전화해서 견적서를 빨리 (　　　　　　　　　).
그리고 이사님이 저에게 공장에 전화해서 샘플 준비 (　　　　　　　　　) 하셔서 샘플에 대해서는 제가 전화해 보도록 하겠습니다.

**4.** 昨日、先週、仕事でみなさんはどんな人物と会い、どのような話をしましたか？　その対話を直接引用文で書いたあと、間接引用文に書き換えましょう。

---

### きっちりとした仕事は言葉遣いから

　ビジネスシーンで欠かせない「報告」ですが、韓国語の敬語が抜けてしまったり、間接引用文中の活用を間違っている報告を日本人はよくしています。
　日本語で考えてみましょう。「社長が2時に戻られるそうです」を「社長が2時に来るそうです」と言ってしまったら……。そして「部長が参加するのかとおっしゃっていました」を「部長が参加するとおっしゃっていました」と言ってしまったら……。前者は失礼な響きをもちますし、後者は意味がまったく違ってしまいます。たかが文法的な間違いと思わずに、「きっちりとした仕事は言葉遣いから！」と考えて、言葉をまず正確にしてみようではありませんか。

# 第 7 章

## ビジネスレターを書きましょう
## ～業務的レター編

　ビジネスレター（メール、ファックス文書）は、注文、申し込み、確認、交渉、依頼、催促、抗議など主に業務に関連した内容の文書と、各種案内、招待、お祝い、感謝などの社交的なレターの大きく2種類に分かれます。また、最近は原本が必要な重要な文書以外は郵便を使わず、メールやファックスで送るのが一般的です。

　この章では、連絡方法の主流になりつつあるメールに焦点を当て、業務的レターの書き方や言い回しについてみていきます。

## 본문 本文

박유나 : 저번 전시회 때 우리 회사에 관심을 가졌던 일본 시스텍한테서 아직 아무 연락이 없어요?
김민호 : 네, 며칠 전에 상황을 여쭤 보는 메일을 보냈었는데 아직 회신이 없습니다.
박유나 : 그래요? 일본 시스텍은 규모가 커서 결정하는 데 시간이 걸릴 수도 있겠네요. 그래도 다시 재촉해 보지요.
김민호 : 알겠습니다. 그럼, 담당자에게 다시 메일을 보내도록 하겠습니다.
박유나 : 부탁해요. 그리고 메일 보낼 때 수신 참조로 해서 나한테도 보내 주세요.
김민호 : 네.

---

パク・ユナ：この前の展示会でわが社に関心をもってくれた日本システックから何の連絡もありませんか？
キム・ミノ：はい、何日か前に状況を伺うメールを送ったのですが、まだ返信がありません。
パク・ユナ：そうですか。日本システックは規模が大きくて決定に時間がかかるのかもしれませんね。でも、もう一度催促してみましょう。
キム・ミノ：わかりました。では、担当者にもう一度メールを送るようにいたします。
パク・ユナ：お願いします。それから、メールを送るとき、CCで私にも送ってください。
キム・ミノ：はい。

## 공략포인트 攻略ポイント

### 1. 業務的メールの例

제목 : 폐사 시스템 도입 건 [1]

주식회사 일본 시스템
해외사업부
다카하시 과장님 [2]

----

안녕하십니까? [3]

한국 시스템의 김민호입니다.
서울은 무더운 날씨가 계속되고 있습니다.
일본에서 건강히 잘 지내고 계신지요?

지난번 정보 세큐리티 전시회 때 저희 시스템에 관심을
가져 주셔서 진심으로 감사합니다.
그때 다카하시 과장님께서 저희 회사 시스템의 도입을
검토하기 위해 구체적인 상의를 하고 싶다고 말씀하셨습
니다만 그 후로 어떻게 진행되고 있는지요?

직접 귀사를 방문해서 저희 회사 시스템의 특징에 대해
좀 더 구체적으로 설명을 드렸으면 합니다.
그리고 전시회 때 드렸던 가격표에 수정사항이 있사오니
새로운 것을 첨부해 드립니다.
앞으로 귀사와 좋은 비즈니스 파트너가 될 수 있기를 바랍
니다.
바쁘시겠지만 답신 기다리고 있겠습니다.

감사합니다.
안녕히 계십시오. [4]

첨부 파일 : price_list_new.docx [5]

= = = = = = = = = = = = = = = = =
주식회사 한국 시스템
해외영업부
과장대리 김민호 [6]
전화 : +82-2-4532-xxxx
　　　+82-11-9964-xxxx (mobile)
팩스 : +82-2-4532-xxxx [7]
주소 : 서울시 역삼동 2-xx 아름다운 빌딩 5층

1 メールの内容を反映させた件名を書きます。- 건 (〜の件)、- 에 대한 건 (〜に対する件)、- 에 관한 건 (〜に関する件) 等の表現を使います。

2 会社名、部署名、名前、あれば肩書きを記入します。
님 (様) を 과장님 などの肩書きの後に付けると、과장님 님 となり不自然なので、肩書きを書く時は 님 は不要です。
- 肩書きがない場合

    ○ 개발부 박선아 님 (開発部　パク・ソナ様)
- 肩書きがある場合

    ○ 개발부 김영수 과장님 (開発部　キム・ヨンス課長)

3 書き出しは、안녕하십니까？が一般的です。근계(謹啓)などで始めることもありますが、これは格式ばった内容の文書などで使われます。

4 감사합니다. または 안녕히 계십시오. で文章を終えます。例文のように、両方書くこともあります。

5 添付する書類がある場合は、文章を結んだあと１〜２行空けて次のように書きます。

　　　첨부 : 1. 생산계획서　1 부 (生産計画書　1部)
　　　　　　2. 부품일람표　1 부 (部品一覧表　1部)
　　　　　　3. 판매계획서　2 부 (販売計画書　2部)

6 署名を記します。肩書きを載せる場合は、님 を付けない形で記入します。

　　○ 영업부 과장 사루야마 다케시 (営業部　課長　猿山武志)
　　× 영업부 과장님 사루야마 다케시 (営業部　課長様　猿山武志)
　　× 영업부 사루야마 다케시 과장 (과장님)
　　　　　　　　　　　　　　　(営業部　猿山武志課長 (課長様))

7 電話番号・ファックス番号には、日本の国番号(81)、韓国の国番号(82)を書きます。

件名：弊社のシステム導入の件

株式会社日本システック
海外事業部
高橋課長

---

こんにちは。

韓国システムのキム・ミノです。
ソウルは蒸し暑い気候が続いています。
日本でお元気にお過ごしでしょうか。

先日の情報セキュリティー展示会では当方のシステムに関心をお寄せくださり誠にありがとうございます。
その際、高橋課長が弊社のシステムの導入を検討するため具体的な話し合いをもちたいとおっしゃっていましたが、その後、どのようにお話は進んでいらっしゃるでしょうか。

直接貴社を訪問し、弊社のシステムの特徴についてもう少し具体的にご説明したいと思います。
また、展示会の際に差し上げた価格表に修正事項がございますので新しいものを添付いたします。
今後、貴社と良きビジネスパートナーとなれますよう願っております。
お忙しいとは思いますが、ご返信をお待ちしています。

ありがとうございます。
さようなら。

添付ファイル：price_list_new.docx

======================
株式会社　韓国システム
海外営業部
課長代理　キム・ミノ
電話：+82-2-4532-xxxx
　　　+82-11-9964-xxxx（携帯）
FAX：+82-2-4532-xxxx
住所：ソウル市駅三洞 2-xx アルムダウンビル5階

## 2. 業務的レターの文例集

### 1) ビジネスレターの形式

① あいさつ

② 要求事項など

③ 具体的な内容

```
안녕하십니까?
_____의 _____입니다.

다름이 아니라 _____.
덧붙여 _____.
_____.
_____은/는 아래와 같습니다.

                    아     래
_____
_____
_____
```

```
こんにちは。
_____の _____です。

ほかでもなく、_____。
なお、_____。
_____。
_____は以下の通りです。

                    記
_____
_____
_____
```

## 2) ビジネスレターの基本的なフレーズ

①あいさつ、書き出し

안녕하십니까? こんにちは。

저는 일본 아이 케이 브릿지 경리부의 스즈키라고 합니다.
私は日本のアイケーブリッジ経理部の鈴木と申します。

대한 상사의 박경석 과장님으로부터 소개를 받아 연락을 드립니다.
大韓商社のパク・キョンソク課長から紹介を受け、ご連絡しております。

저희 상품(서비스)을 항상 이용해 주셔서 감사합니다.
私どもの商品(サービス)をいつもご利用くださり、ありがとうございます。

저희 상품(서비스)에 관심을 가져 주셔서 대단히 감사합니다.
私どもの商品(サービス)に関心をお持ちくださり、誠にありがとうございます。

주문해 주셔서 감사드립니다.
ご注文くださり、ありがとうございます。

②各種案内

판매 관리 시스템의 전문가를 초빙해 세미나를 갖고자 하오니 많은 참석 부탁드립니다.
販売管理システムの専門家を招へいし、セミナーを開催いたしますので、多くのご参加をお願いいたします。

신제품인 'IT패키지'에 대한 설명을 드리고자 아래와 같이 발표회를 개최합니다.
新製品、「ITパッケージ」についてご説明したく以下のように発表会を開催いたします。

③ 出張の連絡、アポイントメントを取る

한번 귀사를 방문해서 계약에 관한 구체적인 이야기를 나누고 싶습니다.
一度貴社を訪問し、契約に関する具体的なお話しを交わしたいです。

귀사 공장의 제조과정을 견학시켜 주셨으면 해서 연락을 드렸습니다.
貴社の工場の製造過程を見学させていただければと思い、ご連絡いたしました。

10월 2일 오후 3시는 어떠십니까?
10月2日午後3時はいかがでしょうか？

박 사장님 일정에 맞춰서 귀사를 방문하겠습니다. 12월 중순쯤이 어떠신지요?
パク社長のスケジュールに合わせ、貴社をご訪問いたします。
12月中旬ぐらいはいかがでしょうか？

④ 資料の要求、注文、送付など

오늘은 귀사 상품(서비스)에 대해 궁금한 것이 있어서 연락드렸습니다.
本日は貴社の商品(サービス)について気になる点がありご連絡いたしました。

귀사의 상품 카탈로그(서비스 목록)를 보내 주시겠습니까?
貴社の商品カタログ(サービス目録)を送っていただけますか？

말씀하신 대로 견적서를 첨부 파일로 보내 드리겠습니다.
ご依頼いただいたとおり、見積書を添付ファイルでお送りいたします。

지난번에 주문해 주신 제품은 오늘 청구서와 같이 발송했습니다.
先日ご注文くださった製品は本日、請求書と一緒に発送いたしました。

귀사의 기본 패키지를 50개 주문하겠습니다. 가능한 한 빨리 보내 주셨으면 합니다.
貴社の基本パッケージを50個注文いたします。できるだけ早く送っていただけると幸いです。

오늘 주문한 제품이 도착했습니다. 확인해 봤는데 내용이나 수량에 문제가 없었고 파손 등의 이상도 없었습니다.
本日、注文した製品が到着しました。確認してみましたが、中身や数量に問題はなく、破損などの異常もありませんでした。

### ⑤ 価格交渉をする

대량구매 시 할인율을 높게 적용해 주시면 감사하겠습니다. 예를 들어 50개 이상 주문하면 5% 정도 할인해 주실 수 있으신지요?
大量に購入した際は割引率を引き上げていただけるとありがたいです。例えば、50個以上注文すれば5％ぐらい割引していただくことはできますでしょうか。

앞으로 거래가 더 늘어날 것 같사오니 다음 주문 시부터 10% 할인을 적용해 주셨으면 합니다.
今後取引がさらに増えると思われますので、次の注文から10％割引を適用していただければと思います。

최근의 물가 상승에 따라 당사 기존의 가격으로는 경영 면에서 아주 어려운 상태입니다.
오는 10월 1일부터 아래와 같은 신가격을 적용했으면 하오니 양해 부탁드립니다.
最近の物価上昇により当社の既存価格では経営面においてとても厳しい状況です。
来る10月1日より以下のような新価格を適用できればと思いますので、ご理解の程よろしくお願い申し上げます。

### ⑥ 会計、経理に関すること

당사 규정에 의해 거래는 선금 주문으로만 받고 있습니다.
当社規定に基づき、取引は前払い注文のみ受け付けております。

5월 10일에 보내 드린 제품의 대금은 6월 말일까지 꼭 입금해 주시기 바랍니다.
5月10日にお送りした製品の代金は、6月末日までに必ずご入金くださいますようお願い申し上げます。

본건 지불에 관해서는 당사 규정에 따라 이달 말 마감, 다음 달 25일에 지불하고자 합니다.
本件の支払に関しては、当社規定により今月末締切、翌月25日にお支払いしようと思います。

11월 30일에 청구해 드린 납품 대금을 바로 당사 계좌에 입금해 주셔서 감사합니다.
11月30日にご請求した納品代金を早速当社口座にご入金くださりありがとうございます。

지난 10월 15일에 보내 드린 제품의 대금이 아직도 송금되지 않았습니다.
去る10月15日にお送りした商品の代金がまだ送金されておりません。

⑦ クレームの伝達

저희가 7월 25일에 주문한 제품이 아직도 도착하지 않고 있습니다.
고객에게 납품해야 할 기일이 앞으로 얼마 남지 않아 곤란한 상황입니다.
私どもが7月25日に注文した商品がまだ到着しておりません。
顧客に納品しなければいけない期日が迫っており、困ったことになっています。

오늘 상품이 도착했습니다만 주문한 상품과 다른 물건이 왔습니다.
本日商品が到着しましたが、注文した商品と違ったものが来ました。

오늘 상품이 도착했습니다만 일부 상품이 깨져(파손되어) 있었습니다. 반품할 수 있습니까?
本日商品が到着しましたが、一部の商品が壊れて(破損して)いました。返品することはできますでしょうか?

오늘 견본을 받았는데 저희가 부탁한 내용과 많이 다르다는 인상을 받았습니다.
本日サンプルを受け取りましたが、私どもがお願いした内容とかなり違っているという印象を受けました。

청구서에 적힌 단가가 처음에 말씀하신 가격과 달라서 연락드렸습니다.

2,000엔에 말씀하셨던 것 같습니다만 청구서에 2,500엔으로 되어 있사오니 확인 부탁드립니다.
請求書に書かれている単価が最初におっしゃっていた価格と違い、連絡を差し上げました。2,000円とおっしゃっていたと思うのですが、請求書に2,500円となっておりましたのでご確認をお願いいたします。

⑧ 断る

대단히 죄송합니다만 저희 회사 사장님께서 귀사 서비스를 도입하는 것에 관심이 없으신 것 같습니다.
大変申し訳ありませんが、弊社社長が貴社のサービス導入に関心がないようです。

유감스럽지만 귀사의 시스템이 저희 시스템에 잘 맞지 않아 도입이 어려울 걸로 판단되었습니다.
残念ながら貴社のシステムが私どものシステムに合わず、導入は難しいと判断されました。

모처럼 권해 주신 안건이지만 저희 회사에서는 어려울 것 같습니다.
せっかくお勧めくださった案件でしたが、弊社では難しいようです。

대단히 죄송합니다만 다른 회사에 주문하게 되었습니다. 저로서는 귀사를 추천했습니다만 결과적으로 아쉽게 되었습니다. 양해 부탁드립니다.
大変申し訳ありませんが、他社に注文することになりました。私としては貴社を推薦したのですが結果的に残念なことになってしまいました。ご理解くださいますようお願い申し上げます。

이번 건은 아쉽게 되었지만 다음 기회에는 귀사와 좋은 인연이 있었으면 합니다. 앞으로도 변함없는 성원과 관심 부탁드립니다.
今回のことは残念な結果になりましたが、次の機会には貴社と良い縁があればと思います。これからも変わりないご声援とご関心をお願いいたします。

## ⑨ お詫び

대단히 죄송합니다만 약속한 5월 31일 납품이 불가능할 것 같습니다.
大変申し訳ありませんが、お約束した5月31日納品が不可能のようです。

주문하신 것과 다른 물건이 들어 있었던 점, 대단히 죄송합니다. 앞으로는 그런 일이 없도록 주의하겠습니다.
ご注文くださったものと違うものが入っていたとのこと、大変申し訳ございません。今後そのようなことがないよう注意いたします。

## ⑩ 結び

죄송하지만 급한 사정으로 내일까지 회신을 받았으면 좋겠습니다.
申し訳ございませんが、急いでおりますので明日中にご返信いただければと思います。

바쁘신 와중에 번거롭게 해 드려서 죄송합니다만 아무쪼록 잘 부탁드리겠습니다.
お忙しいところ面倒をおかけし申し訳ございませんが、何卒よろしくお願い申し上げます。

오늘도 좋은 하루 되십시오.
本日も良い一日になりますように。

혹시 의문 사항이 있으시면 연락 주시기 바랍니다.
もしご不明な点がございましたら、ご連絡くださいますようお願い申し上げます。

귀사가 더욱더 번창하길 기원합니다.
貴社のさらなる発展を願っております。

앞으로 더욱더 사업이 발전하시길 기원합니다.
今後さらに事業が発展することを願っております。

### 연合 練習

(株)日本システック、海外事業部の高橋課長は韓国システムのキム・ミノさんから75ページの例文（1.業務的メールの例）のようなメールを受け取りました。1.～5.のような状況別に、返信となるようなビジネスレターを作成しましょう。

1. 資料請求のメール

    これまでの海外企業との取引例について、具体的な内容を教えてほしい。

2. ミーティング要請のメール

    ① 日本システック社長が韓国システムとのミーティングを希望している。

    ② 5月中旬以降なら、ミーティング可能である。

3. 断りのメール

    韓国システムの製品には関心があったが、その後設備投資の予算が削減になり、導入が不可能になった。

4. 価格交渉のメール

    添付の新価格表では、システムAの価格が3,000,000ウォンとなっているが、展示会では2,800,000ウォンだった。展示会の価格に戻すことはできないか？

5. 注文のメール

    ① 部長の許可が下りたので、早速注文をしたい。

    ② トライアルパッケージを一式注文したい。

    ③ 納期はできるだけ早く。遅くとも今月末までに。

    ④ 支払方法について教えてほしい。

泉先生の
## ここが Point!

**Point**　封筒にあて先を書くときは

　受け取る人が個人の場合は「귀하 (貴下)」、会社の場合は「귀중 (貴中)」を付けます。この「귀중 (貴中)」は日本語の「御中」にあたります。

```
<差出人>
(우) 105-00××
도쿄도 미나토구 도라노몬 1-×-× IKB 빌딩 7 층
주식회사 일본 시스텍
해외사업부 다카하시 겐지                         [切手]



    <受取人>
  (우) 135-×××
서울시 강남구 역삼동 2-×× 아름다운 빌딩 5 층
주식회사 한국 시스템
해외영업부 과장대리  김민호 귀하
```

```
    <差出人>
    〒 105-00××
   東京都港区虎ノ門 1-×-× IKB ビル　7 階
   株式会社日本システック
   海外事業部　高橋　健二




      <受取人>
      〒 135-×××
    ソウル市江南区駅三洞 2-×× アルムダウンビル 5 階
    株式会社韓国システム
    海外営業部　課長代理　キム・ミノ　様
```

# 第 8 章

## ビジネスレターを書きましょう
## ～社交的レター編

> 　ビジネスにおいては業務的な内容以外でも、就任や異動のあいさつ、接待へのお礼などのレターを書く必要が出てきます。日韓の取り引きにおいては親睦を深めながらビジネスを進める傾向があるのでなおのこと。ここでは社交的レター（メール、ファックス文書）の書き方を見てみましょう。

## 본문 本文

김영수: 부장님, 방금 일본 시스텍 다카하시 이사님한테서 부장님과 제 앞으로 메일이 왔습니다. 부장님 앞으로도 아마 왔을 겁니다.

박유나: 어떤 메일이지요?

김영수: 일전에 출장 오셨을 때 저희가 식사를 대접해 드리고 서울을 안내해 드린 것에 대한 감사의 메일이었습니다. 굉장히 만족하셨던 모양이에요.

박유나: 그거 참 다행이네요. 짧은 시간 안에 상담도 하고 관광도 하고…, 피곤하지 않으셨을까 걱정했었는데.

김영수: 그러게 말입니다. 다행히 다카하시 이사님 메일에서 전혀 그런 느낌은 안 들었습니다.

박유나: 그래요? 나도 메일을 읽어 보지요.

---

キム・ヨンス: 部長、たったいま日本システックの高橋理事から部長と私あてにメールが来ました。部長あてでも届いていると思います。

パク・ユナ: どんなメールですか？

キム・ヨンス: この前出張にお見えになったとき、我々がお食事をご馳走したり、ソウルを案内して差し上げたことに対する感謝のメールです。とても満足された様子です。

パク・ユナ: それは本当に良かったですね。短い時間内に商談もし、観光もして…、お疲れではなかったかと心配していたんですが。

キム・ヨンス: そうですよね。幸い高橋理事のメールから、まったくそのような印象は受けません。

パク・ユナ: そうですか。私もメールを読んでみましょう。

## 공략포인트 攻略ポイント

**1.** 社交的メールの例

---

제목 : 감사 메일

> 何回もやりとりしている場合など、あて名を書かずに「안녕하십니까?」から書き出すことも少なくありません。

안녕하십니까?
일본 시스템의 다카하시입니다.
어제 무사히 일본에 도착했습니다.

한국 출장 시에는 여러모로 신경을 써 주셔서 감사합니다.
짧은 시간이었지만 앞으로 공동으로 비즈니스를 진행하는 데에 유익한 이야기를 할 수 있었다고 봅니다.

무엇보다도 박유나 부장님과 김영수 과장님이 보여 주신 따뜻한 환대에 진심으로 감사드립니다. 궁중요리 같은 한정식에는 감동을 받았습니다. 그리고 세계유산인 종묘를 구경할 수 있어서 서울의 깊은 역사를 느낄 수 있었습니다.

게다가 선물로 주신 김은 저희 회사 직원들에게도 나눠 줬더니 다들 아주 좋아했습니다. 역시 한국 김은 인기가 많은 것 같습니다.

다음에 일본에 오실 때는 저희가 정성껏 모시겠습니다.
두 분께 진심으로 감사드리며 이만 줄이겠습니다.

감사합니다.
오늘도 좋은 하루 되십시오.

**다카하시 드림**

> 名前のうしろに「드림(拝)」を付け、メールを結ぶこともあります。その場合、署名をつけないことも少なくありません。

件名：お礼

こんにちは。
日本システックの高橋です。
昨日、無事日本に到着しました。

韓国出張の際にはいろいろとお気遣いいただき、ありがとうございます。短い時間でしたが、今後、共にビジネスをしていくうえで有益な話し合いがもてたと思っています。

何よりもパク・ユナ部長とキム・ヨンス課長による温かなおもてなしに心より感謝申し上げます。宮廷料理のような韓定食には感動しました。そして、世界遺産である宗廟を見学することができ、ソウルの歴史の深さを感じることができました。

さらには、お土産でくださった海苔を弊社社員にも配ったところ、みんな大変喜んでいました。やはり、韓国の海苔は人気のようです。

今度日本にいらっしゃる際は私どもが精一杯おもてなしさせていただきます。
お二人に心より感謝申し上げ、筆を置きます。

ありがとうございます。
本日も良い一日になりますよう。


高橋　拝

## 2) 社交的レターの文例集

① 季節のあいさつ

추운(더운, 무더운) 날씨가 계속됩니다만 어떻게 지내고 계십니까?
寒い(暑い、蒸し暑い)日が続いておりますが、いかがお過ごしでしょうか。

한국은 눈이 많이 왔다고 들었습니다.
韓国は雪がたくさん降ったと聞きました。

벌써 벚꽃이 만발한 봄이 되었습니다.
もう桜が満開の春になりました。

간간이 피부를 스치는 살랑살랑 봄바람이 기분 좋은 4월입니다.
ときおり肌に触れるさわやかな春の風が気持ちよい4月です。

신록이 향기로운 계절이 되었습니다.
新緑薫る季節になりました。

이제 완전한 여름이네요. 어떻게 지내고 계십니까?
もうすっかり夏ですね。いかがお過ごしでしょうか。

바다나 산이 그리운 계절이 되었습니다.
海や山が恋しい季節になったようです。

이제 아침저녁으로는 지내기 편해진 것 같습니다.
やっと朝夕は過ごしやすくなったようです。

이제 선선한 바람이 부는 계절이 되었습니다.
もう清々しい風が吹く季節になりました。

아름다운 단풍의 계절이 되었습니다.
美しい紅葉の季節になりました。

가을도 한층 깊어가고 있습니다만 어떻게 지내고 계십니까?
秋も一層深まってまいりましたが、いかがお過ごしでしょうか。

날씨가 이제 쌀쌀해진 것 같습니다.
気候がもう肌寒くなってきたようです。

연말이라 여러 가지로 바쁘실 거라 생각됩니다.
年末でいろいろとお忙しいことと存じます。

## ② 感謝のことば

한국에서는 여러 가지로 대접해 주셔서 진심으로 감사드립니다.
韓国ではいろいろとおもてなしくださり、誠にありがとうございます。

김수미 씨, 한국에서는 잘 해 주셔서 정말 감사합니다.
キム・スミさん、韓国ではよくしてくださり、本当にありがとうございます。

이렇게 멋진 선물까지 준비해 주셔서 어떻게 감사의 말을 드려야 될지 모르겠습니다.
このようなすばらしいプレゼントまで準備してくださり、どのように感謝の言葉を申し上げたらよいかわかりません。

관광안내까지 해 주셔서 정말 감사합니다. 수원성은 처음 가는 곳이라 감동을 받았습니다.
観光案内までしてくださり、本当にありがとうございます。水原城は初めて行くところだったので感動しました。

바쁘신 와중에 공항까지 마중 나와(배웅해) 주셔서 감사합니다.
お忙しい中、空港までお迎えに来て(お送り)くださり、ありがとうございます。

## ③ 各種案内など

회사 이전으로 인해 주소와 전화번호가 새롭게 변경되었음을 알려 드립니다.
会社移転により、住所と電話番号が新たに変更されたことをお知らせいたします。

이번에 LC 주식회사와의 합병에 의해 사명이 변경되었습니다. 새로운 회사명은 아래와 같습니다.
この度、LC株式会社との合併により社名が変更になりました。新しい会社名は以下の通りです。

지난 이사회에서 아래와 같이 임원이 선출되어 취임하게 되었사오니 알려 드립니다.
先日の取締役会で以下のように役員が選出され、就任することとなりましたのでお知らせいたします。

3월 31일자로 인사이동을 하게 되어 알려 드립니다. 후임으로 사토 유키오 계장님이 새로 오실 예정이오니 앞으로도 많은 협조 부탁드립니다.
3月31日付けで人事異動となりますことをご連絡いたします。後任には佐藤幸夫係長が新たに参りますので、今後ともご協力をよろしくお願いします。

일신상의 이유로 회사를 그만두게 되었습니다. 지금까지 부족한 저를 많이 도와주셔서 감사드립니다.
一身上の都合により退社することになりました。
これまで至らない私をサポートしてくださりありがとうございます。

이번 프로젝트를 새로 담당하게 된 스즈키 다로라고 합니다. 부족한 점이 많지만 아무쪼록 잘 부탁드립니다.
今回のプロジェクトを新たに担当することになった鈴木太郎と申します。至らない点も多いかと思いますが、何卒よろしくお願いいたします。

④ 結び

좋은 한 주 시작하시길 바랍니다.
良い一週間が始まりますよう。

감기 조심하시고 항상 건강하시길 기원합니다.
風邪に気をつけられ、いつも健康でありますことを祈ります。

일교차가 심하니까 감기 조심하세요.
朝晩の気温差が激しいので、風邪にお気をつけください。

며칠째 장마비가 줄기차게 내리고 있으니 건강 조심하시길 바랍니다.
何日も梅雨の雨が降り続いていますので、健康に注意されますよう。

무더운 날씨(추운 날씨)가 계속됩니다. 더위(추위)에
지지 않도록 건강에 유의하세요.
蒸し暑い日（寒い日）が続いています。暑さ（寒さ）に負けないよう健康に留意されてください。

산의 경치가 눈부시게 아름다운 가을, 주말 즐겁게
보내십시오.
山の景色がまぶしく美しい秋、楽しい週末をお過ごしください。

## 연습 練 習

次のような状況のときに書くメールを作成しましょう。

1. おもてなしへのお礼
   ① 食事をご馳走してくれた。
   ② 空港まで送ってくれた。

2. 社名変更、住所・電話番号変更のお知らせ
   ① 合併により社名が変更になった。
   ② 住所・電話番号が変更になった。
   ③ 新社名、住所などは以下の通り。
      株式会社日本ソフトウエア
      〒105-0001　東京都港区虎ノ門1-x-x
      電話：81-3-5157-xxxx
      Fax：81-3-5157-xxxx

3. 人事異動により、新たに担当者になったあいさつ
   営業部の部長に就任した。

## 泉先生の ここがPoint!

**Point 1**　メールにホッと心温まるひとことを入れてみては？

　韓国人とメールのやり取りなどをすると、季節の変化に合わせて町の様子や心境の変化を、まるで詩のように語ってくれる人もいます。以前、私が知人から受け取ったメールにはこんなふうに書いてありました。

　한국은 제법 가을 냄새가 풍겨요.
　하늘도 높고 이제 조금 있으면 단풍철이라 나무들이 예쁜 옷을 입어요.

　韓国はだいぶ秋の香りが漂うようになりました。
　空も高く、少ししたら紅葉の季節になって、木々がきれいな洋服を身にまといます。

　最後の「예쁜 옷을 입어요.」のあたりはなんとも女性らしい表現です。子どものころから詩やバラードの歌詞などに慣れ親しむ人が多いからか、男女問わずこういったひとことが自然に出てくる人が多いようです。

　ビジネスメールでも韓国人とメールのやりとりをする際は、この章で紹介したような季節の言葉や相手の健康を気遣う言葉をぜひ入れてみてください。きっと喜ばれるはずです。

## Point 2　グリーティングカードや年賀状

　海外と取引をしている韓国企業にはグリーティングカードの習慣がある会社も少なくありません。また、キリスト教徒が多いこともあり、12月に入ると個人的にクリスマスカードを準備する人もいます。また、最近はポータルサイトなどの無料サービスを利用し、メールやインターネットで、これらのメッセージを送る人々が多くなってきました。
　このようなグリーティングカードには、以下のような文章を書くとよいでしょう。

### <추석（中秋の名月）>

가족과 함께 행복한 추석 보내세요.
ご家族と幸せな中秋の名月をお過ごしください。

풍성한 한가위 되시길 바랍니다.
豊穣な中秋の名月になりますようお祈り致します。
☞추석〔秋夕〕、한가위は「中秋の名月」のことですが、家族が集まり墓参りをするという点で、日本のお盆にも例えられます。

### <クリスマス>

메리 크리스마스!
メリークリスマス！

즐거운 성탄절 보내시고 새해 복 많이 받으세요.
楽しいクリスマスを過ごされ、新年はよいことがたくさんありますように。

메리 크리스마스! 연말연시 마무리 잘 하시길 바랍니다.
メリークリスマス！年末年始を無事締めくくられますよう。

### <1月1日、旧正月>

새해 복 많이 받으세요.
明けましておめでとうございます。

설 잘 보내세요.
旧正月、楽しくお過ごしください。

올 한해도 항상 건강하시고 하시는 모든 일들이 다 잘 이루어지시길 바랍니다.
今年一年もいつも健康で、すべてのことがうまくいきますようお祈りしています。

# 第 9 章

## ウィットの利いたことわざ、慣用句を使ってみましょう

　韓国人は、ことわざや慣用句を頻繁に使います。これらは「メッセージ性が高い」「説得力がある」「ユーモアを感じさせられる」「直接的な表現を避け、印象を和らげる」などの効果があり、演説やプレゼンテーションのみならず、オフィスや日常生活における会話によく登場します。知っていることわざや慣用句を実際に使ってみてください。きっと韓国人の驚き、喜ぶ顔を見ることができるでしょう。ここでは、いくつかのことわざ・慣用句を挙げ、ビジネスやオフィスでの使い方の一例をご紹介します。

## 본문 本文

서정호: 한국상사에 영업하러 간다는데 너무 '하늘의 별 따기'¹ 아니야?

이웅기: '길고 짧은 것은 대봐야 안다'²고 하잖아. 나는 우리 제품에 자신 있어. 두고 봐. 꼭 이번 안건 따내고 말거야.

서정호: 하긴 '열 번 찍어 안 넘어가는 나무 없다'³고 하니까 몇 번 가서 열심히 말씀드리면 가능성이 있을 거야.

이웅기: 그래. '천 리 길도 한 걸음부터'⁴ 라고 일단 한번 가 보려고.

서정호: 응, 우리 제품이 각광을 받게⁵ 되는 날도 머지않아 오겠지. 내가 도와줄 수 있는 일이라면 나도 발 벗고 나서서⁶ 도와줄 테니까 열심히 해봐.

---

ソ・ジョンホ: 韓国商事に営業しに行くそうだけど、あまりに「空の星取り」じゃない？

イ・ウンギ: 「長短は比べてみないとわからない」っていうじゃないか。僕はうちの商品に自信があるんだ。見ていろって。ぜったい今回の案件は取ってくるよ。

ソ・ジョンホ: 確かに、「10回も切りつけて倒れない木はない」というから、何度も行って熱心に話せば可能性はあるだろうね。

イ・ウンギ: そうだよ。「千里の道も一歩から」というから、とにかく一度行ってみるつもりだよ。

ソ・ジョンホ: うん、うちの製品が脚光を浴びる日もすぐ来るだろう。僕が手伝えることなら一肌脱いで手伝うからがんばって。

1 하늘의 별 따기　[直訳]空の星取り
　　[意味]あまりにも難しく、達成できる見込みがない。

2 길고 짧은 것은 대봐야 안다　[直訳]長短は比べてみないとわからない
　　[意味]物事の違いは実際に比べてみないとわからない。

3 열 번 찍어 안 넘어가는 나무 없다
　　[直訳]10回も切りつけて倒れない木はない
　　[意味]繰り返して努力すれば、ついには成功するものだ。または、いくら強固な決意をしていても、繰り返し誘惑されると、ついにはその誘惑に負ける。

4 천 리 길도 한 걸음부터　[直訳]千里の道も一歩から
　　[意味]大変なことは、まず小さいことから始めないといけない。または、何ごとも始めてみることが大切。

5 각광을 받다　[意味]脚光を浴びる。

6 발 벗고 나서다　[直訳]足を脱いで進み出る　[意味]一肌脱ぐ。

## 공략포인트 攻略ポイント

### 1. オフィスで使えることわざ

#### ① 가는 말이 고와야 오는 말이 곱다 「売り言葉に買い言葉」

[直訳]話しかける言葉が優しければ、返る言葉も優しくなる
[意味]相手に良くしてあげれば、相手も自分に良くしてくれる。言葉遣いは慎重にすべきだ。

例 회의 중에는 말에 신경 쓰세요. '가는 말이 고와야 오는 말이 곱다' 잖아요.
会議中は言葉に気をつけてください。「売り言葉に買い言葉」というじゃないですか。

② **누워서 떡 먹기** 「朝飯前だ」
  直訳 寝て餅を食う
  意味 とても簡単にできる。

例 미란 씨는 미국에서 오랫동안 살아서 이 정도 번역은 '누워서 떡 먹기'일 거예요.
  ミランさんはアメリカで長く暮らしていたのでこの程度の翻訳は「朝飯前」でしょう。

③ **돌다리도 두드려 보고 건너라** 「石橋を叩いて渡る」
  直訳 石橋も叩いてみてから渡れ
  意味 丈夫に見える石橋でも、安全を確かめてから渡る。用心の上にも用心深く物事を行わないといけない。

例 '돌다리도 두드려 보고 건너라'잖아요. 그 회사에 대해서 잘 알아보고 계약하시지요.
  「石橋を叩いて渡る」というじゃないですか。その会社についてよく調べてから契約をしてください。

④ **금강산도 식후경** 「花より団子」
  直訳 金剛山も食後に眺める
  意味 景観が素晴らしい金剛山も、腹を満たさなければ美しく見えない。何事もお腹がすいていては関心を持てない。

例 아, 배고프다. '금강산도 식후경'이라고 일단 밥 먹고 다시 이야기하자.
  あ～、お腹がすいた。「花より団子」だから、ひとまずご飯を食べてからもう一度話をしよう。

⑤ **배보다 배꼽이 더 크다** 「本末転倒」
  直訳 腹よりヘソのほうが大きい
  意味 最も重要なことより、重要でないことのほうが大きい。

例 '배보다 배꼽이 더 크다'고 물건이 500엔인데 송료가 700엔이나 들었어요.
  「腹よりヘソのほうが大きい」といいますけど、品物は500円なのに送料が700円にもなりました。

⑥ **비 온 뒤에 땅이 굳어진다** 「雨降って地固まる」

> 意味 もめごとなど、悪いことがあったあとは、かえって基盤がしっかりして良い状態になる。

例 '비 온 뒤에 땅이 굳어진다'고 부장님과 과장님은 항상 티격태격하시더니 지금은 정말 사이가 돈독해지셨네요.
「雨降って地固まる」といいますが、部長と課長はいつもぶつかり合っていらっしゃいましたが、今では仲睦まじくなりました。

⑦ **쇠뿔도 단김에 빼라** 直訳 牛の角も熱いうちに抜け

> 意味 タイミングを逃すと、行動に移すのが難しくなる。何事もやる気のあるうちにすべきだ。

例 손님, '쇠뿔도 단김에 빼라'고 결심하셨을 때 시작하지 않으시면 나중에 하시기가 어려워질 겁니다.
お客様、「牛の角も熱いうちに抜け」といいますが、決心されたときに始められなければ、あとになってやりにくくなってしまうと思います。

⑧ **수박 겉 핥기** 直訳 スイカの皮を舐める

> 意味 内実を知らず、表面的に事を行う。または、ものごとを丁寧に行わずいい加減に行う。

例 전시회에 갔는데 시간이 없어서 '수박 겉 핥기' 식으로 대충 보고 왔어요.
展示会に行ったのですが、時間がなくて「スイカの皮を舐める」ようにさっと見て帰ってきました。

⑨ **시작이 반이다** 直訳 始まりは半分だ

> 意味 何ごとも始めてみることが大切。ものごとは始めさえすれば半分は成就したも同じ。

例 '시작이 반이다'라고 일단 시작해 보면 생각보다 쉽게 진행할 수 있을 거예요.
「始まりが半分だ」といいますから、ひとまず始めてみれば思ったより簡単に進められると思いますよ。

## ⑩ **싼 게 비지떡** 「安物買いの銭失い」

[直訳] 安いのがおからの餅

[意味] 安いものを買うと、品質が悪かったり、すぐに買い替えなければならなかったりするので、かえって損になる。

例 사장님, '싼 게 비지떡'이라고 그렇게 싸다면 뭔가 문제가 있을 겁니다.
社長、「安もの買いの銭失い」といいますが、そんなに安いということは何か問題があると思います。

## ⑪ **엎질러진 물** 「覆水盆に返らず」

[直訳] こぼれた水

[意味] 一度したことは、取り返しがつかない。

例 이미 '엎질러진 물'이니까 손님이 화냈다고 너무 마음 상해하지 말고 앞으로 그런 일이 없도록 조심하면 되지요.
もう「覆水盆に返らず」ですから、お客様が腹を立てたからといってあまり落ち込まないで、これからそういうことがないよう気をつければいいですよ。

## ⑫ **옥에 티** 「玉にきず」

[意味] とても立派だが、ほんの少し欠点がある。

例 다 좋은데 가격이 너무 비싼 게 '옥에 티'네요.
すべてにおいて良いのですが、価格があまりに高いのが「玉にきず」ですね。

## ⑬ **우물을 파도 한 우물을 파라**

[直訳] 井戸を掘るにしても一つの井戸を掘れ

[意味] 何ごとでも一つのことに励めば成功する。

例 '우물을 파도 한 우물을 파라'고 한 가지 사업에 주력하는 것이 성공의 비결입니다.
「井戸を掘るにしても一つの井戸を掘れ」といいますが、一つの事業に注力することが成功の秘訣です。

⑭ **울며 겨자 먹기** 直訳 泣きながらカラシを食べる

意味 嫌々ながらする。嫌なことをやむを得ずする。

例 그 계약은 우리에게 불리하지만 사정이 급한 터라 '울며 겨자 먹기'로 서명했어요.
その契約は私たちに不利ですが、状況が切迫していて「泣きながらカラシを食べる」ようにサインをしました。

⑮ **원숭이도 나무에서 떨어진다** 「猿も木から落ちる」

意味 その道にすぐれた者でも、失敗することがある。

例 '원숭이도 나무에서 떨어진다'고 항상 완벽하게 서류를 작성하는 김수미 씨가 그런 실수를 하시다니 믿을 수 없네요.
「猿も木から落ちる」といいますけど、いつも完璧に書類を作成するキム・スミさんがそんな間違いをされるだなんて信じられませんね。

⑯ **티끌 모아 태산** 「ちりも積もれば山となる」

意味 ごくわずかなものでも、数多く積もり重なれば高大なものとなる。

例 그 월급으로 그렇게 큰 돈을 모았어요? '티끌 모아 태산'이라더니 그 말이 맞네요.
その給料で、そんなに大金を集めたのですか? 「ちりも積もれば山となる」といいますが、その言葉通りですね。

## 2. オフィスで使える慣用句

① **가시가 돋치다** とげがある

例 김 과장님은 언제나 저에게 가시가 돋친 말만 해요.
キム課長はいつも私にとげのある言いかたばかりします。

② **거울로 삼다** 手本にする、模範にする 直訳 鏡とみなす

例 부장님의 영업방법을 거울로 삼아서 더욱 열심히 하겠습니다.
部長の営業方法を手本にし、さらに一生懸命がんばります。

③ **굴뚝 같다** (何かを)やりたくてたまらない、山々だ 〔直訳〕煙突のようだ

例 회사 야유회에 가고 싶은 마음은 굴뚝 같지만 일이 있어서 못 가요.
会社のハイキングに行きたい気持ちは山々ですが、用事があって行けません。

④ **귀에 거슬리다** 耳に障る

例 김미영 씨가 박 대리님께 항상 반말을 하는 게 귀에 거슬리는데 한번 주의를 줘야 할까요?
キム・ミヨンさんがパク代理にいつもパンマル（友達言葉）を使うのが耳に障るのですが、一度注意しなければならないでしょうか？

⑤ **귀에 못이 박히다** 耳にたこができる 〔直訳〕耳に釘が打たれる

例 회사 사훈은 귀에 못이 박힐 정도로 들어서 지겨워요.
会社の社訓は耳にたこができるほど聞いたので、うんざりです。

⑥ **눈코 뜰새 없다** 目が回るほど忙しい 〔直訳〕目や鼻を開ける暇もない

例 지금은 눈코 뜰새 없이 바쁘니까 저에게 맡기지 마세요.
今、目が回るほど忙しいので、私に任せないでください。

⑦ **두각을 나타내다** 頭角を現す

例 한국은 IT산업에서 세계적으로 두각을 나타내고 있습니다.
韓国はIT産業で世界的に頭角を現しています。

⑧ **말꼬리를 흐리다** 言葉を濁す

例 강 대리, 그렇게 말꼬리를 흐리지 말고 끝까지 똑바로 말해 봐요.
カン代理、そう言葉を濁さないで最後まではっきり言ってください。

⑨ **매듭을 짓다** けりをつける、けじめをつける、区切りをつける
   直訳 結び目をつくる

例 시간이 많이 지났으니까 이제 오늘 회의를 매듭 지읍시다.
   時間がかなり過ぎたので、もう今日の会議に区切りをつけましょう。

⑩ **못을 박다** 釘を刺す

例 꼭 그날까지 내라고 못을 박았어요.
   必ずその日までに出すようにと釘を刺しました。

⑪ **발이 넓다** 顔が広い 直訳 足が広い

例 영업부장은 발이 넓어야 돼요.
   営業部長は顔が広くなければいけません。

⑫ **불티(가) 나다 / 날개가 돋치다**
   売れ行きが良い、飛ぶように売れる 直訳 火の粉が舞う/翼が生える

例 새로 나온 신형 휴대폰이 불티나게(날개가 돋친 듯) 팔리고 있습니다.
   新しく出た新型携帯電話が飛ぶように売れています。

⑬ **손발이 맞다** 呼吸が合う 直訳 手足が合う

例 사루야마 씨하고 김수미 씨는 오랫동안 같이 일해서 손발이 잘 맞아요.
   猿山さんとキム・スミさんは長い間一緒に仕事をしているので、呼吸が合っています。

⑭ **손을 쓰다** 手を打つ 直訳 手を使う

例 빨리 손을 써서 별 탈 없이 해결할 수 있었다.
   早く手を打ったので特に支障なく解決することができた。

⑮ **이야기 꽃을 피우다** 話に花が咲く

例 처음으로 만난 손님인데 고향이 같은 분이셔서 이야기 꽃을 피운다고 시간 가는 줄 몰랐어요.
   初めて会ったお客さんですが、同じ故郷の方だったので話に花が咲き、時間が経つのも忘れてしまいました。

⑯ **빛을 보다** 日の目を見る 〔直訳〕光を見る

例 그 회사는 설립된 지 20년이 지나서야 빛을 보게 되었습니다.
その会社は設立20年を過ぎて、やっと日の目を見るようになりました。

⑰ **파김치가 되었다**
(ネギが塩漬けされてくたっとなることから) くたくたに疲れる
〔直訳〕ネギキムチになる

例 매일같이 11시까지 일을 하다 보니 파김치가 돼 버렸어요.
毎日のように11時まで仕事をしているので、くたくたに疲れてしまいました。

## 연습 練習

**1.** ことわざの説明を1〜3の中から選び、自由に作文をしてみましょう。

1. 돌다리도 두드려 보고 건너라.
   ① 확실한 일도 다시 한번 확인을 해야 한다.
   ② 강을 건널 때는 항상 조심해야 한다.
   ③ 무슨 일을 할 때는 우선 시작을 하는 것이 중요하다.

2. 쇠뿔도 단김에 빼라.
   ① 소의 뿔과 같이 단단한 도구를 사용해야 된다.
   ② 기회가 생겼을 때 놓치지 말고 빨리 해라.
   ③ 무슨 일을 할 때는 깊이 생각한 후에 해라.

3. 우물을 파도 한 우물을 파라.
   ① 한 가지에 집착하지 말고 시야를 넓혀야 한다.
   ② 무슨 일이든 한 가지 일을 끝까지 꾸준히 해야 성공할 수 있다.
   ③ 우물을 파는 것처럼 힘든 일도 힘을 합하면 무엇이든 이룰 수 있다.

**2.** 慣用句の説明を１～３の中から選び、自由に作文をしてみましょう。

1. 귀에 못이 박히다
   ① 듣기 싫을 정도로 여러 번 같은 말을 듣는다.
   ② 다른 사람의 말을 쉽게 믿는다.
   ③ 뭐든지 나쁘게 받아들인다.

2. 발이 넓다
   ① 알고 지내는 사람이 많다.
   ② 갈 데가 아주 많다.
   ③ 사는 집이 넓다.

3. 손발이 맞다
   ① 옷 사이즈가 비슷하다.
   ② 같이 일을 하기가 어렵다.
   ③ 생각이나 행동이 서로 일치하다.

**3.** 空欄に当てはまることわざを下の ☐ の中から選びましょう。

| 하늘의 별 따기 | 엎질러진 물 | 울며 겨자 먹기 |
| 싼 게 비지떡 | 수박 겉 핥기 | |

1. 한번 한 실수는 후회해도 소용이 없다.
   이미 _____ 이다.
2. 약속이 있었는데 사장님이 갑자기 회식을 하자고 해서
   _____ (으)로 약속을 취소했어요.
3. 이런 엉망인 자료로 미팅을 하면 _____에 그칠 가능성이 있으니까 다시 만들어 보세요.
4. 그 회사에 들어가기는 _____(이)라고 하던데 대단하시네요.
5. _____(이)라니까 지금 조금 무리하더라도 비싼 걸 선택하는 게 어떨까요?

**4.** 空欄に当てはまる慣用句を下の ⬚ の中から選びましょう。

> 굴뚝 같다　　　　불티나다　　　　못을 박다
> 거울로 삼다　　　매듭을 짓다

1. 이번 일의 실패를 ＿＿＿＿＿＿아/어서 좀 더 치밀한 계획을 세워야 할 것입니다.
2. 빨리 ＿＿＿＿＿＿고 어서 갑시다.
3. 더위가 계속 되면서 아이스크림, 음료수 등이 ＿＿＿＿＿＿게 팔리고 있습니다.
4. 회의 중에는 핸드폰 전원을 끄라고 꼭 ＿＿＿＿＿＿아/어야 해요.
5. 이직하고 싶은 마음은 ＿＿＿＿＿＿지만 불경기라서 회사들이 사람을 안 뽑아요.

# 第 10 章

## プレゼンテーションをしましょう
## （会社紹介、商品・サービス紹介）

　韓国企業に自社のことを説明するとき、相手の社内環境によっては英語や日本語で書類を作成したりプレゼンテーションをしたりしてもよいかもしれませんが、韓国語で行なえば相手の理解度も高まり、何よりも日本側の誠意が伝わりやすいでしょう。また、せっかく資料を作成したり話したりするのですから、精度の高いものを追求したいものです。

　ここでは会社紹介の例、商品・サービス紹介の例を挙げます。どんな表現が使われているのかよく見て、自社のものに反映させてみましょう。

## 본문 本文

야마노 : 김 차장님, 이번 한국 출장 때 저희 회사 서비스 소개를 한국어로 작성하는 게 좋을까요?

김 차장 : 그렇겠지요. 야마노 씨는 한국어를 잘하니까 일단 파워포인트로 작성해 봐요. 나중에 내가 체크할 테니까.

야마노 : 작성하는 데에 있어서 어떤 것을 주의해야 할까요?

김 차장 : 글쎄요. 일본말로 작성할 때랑 똑같겠지요? 요점이 딱 정리되어 있는지, 이해하기 쉽고 관심을 끌 수 있는 말이 사용되어 있는지…. 그리고 사진이나 동영상 등 시각적인 자료도 있으면 효과적일 거예요.

야마노 : 알겠습니다. 일단 작성해 보겠습니다.

김 차장 : 그래요. 무엇보다 발표할 때 밝고 큰 목소리로 당당하게 말하는 것이 중요해요. 그리고 반드시 듣는 사람들이랑 눈을 자주 맞춰야 해요. 아무리 완벽한 자료를 만들어도 이걸 못 하면 모처럼의 노력도 물거품이 돼 버릴 거예요.

山野 : キム次長、今回の韓国出張の際は当社のサービス紹介を韓国語で作成するのがよいでしょうか。

キム次長 : そうでしょうね。山野さんは韓国語が上手なのでいったんパワーポイントで作成してみてください。後で私がチェックしますから。

山野 : 作成するにあたり、どんなことに注意すべきでしょうか。

キム次長 : そうですね。日本語で作成するときと同じでしょう。要点がきちんと整理されているか、理解しやすく関心を引き出すような言葉が使われているか…。それと、写真や動画など視覚的な資料もあると効果的だと思いますよ。

山野 : わかりました。いったん作成してみます。

キム次長 : そうですね。何より発表するとき、明るく大きい声で、堂々と話すことが大切です。それから必ず聞く人たちとしょっちゅう目を合わせなければなりません。いくら完璧な資料を作っても、これができなければせっかくの努力が水の泡になってしまいますよ。

## 공략포인트 攻略ポイント

### 1. 会社紹介の例 「有限会社アイ・ケー・ブリッジ」

---

### 회사 소개

유한회사 아이 케이 브릿지
Since 2002.08.02

---

**会社紹介**

有限会社アイ・ケー・ブリッジ
2002年8月2日設立

---

### 목차

- 일반 현황
- 조직
- 대표이사 경력
- 연혁
- 사업 분야
- 전망

---

**目次**

- 会社概況
- 組織
- 代表取締役経歴
- 沿革
- 事業分野
- 展望

---

### 일반 현황

- 설립일: 2002년 8월 2일
- 대표이사: 하타노 이즈미
- 자본금: 8백만엔
- 소재지: 도쿄도 미나토구 도라노몬 1-4-4
- 연락처: 03-5157-2424
- 홈페이지:https://www.ikbridge.co.jp/
- 업종: 한국어 강좌・중국어 강좌 운영, 통번역 알선

---

**会社概況**

- 設立日：2002年8月2日
- 代表取締役：幡野泉
- 資本金：800万円
- 所在地：東京都港区虎ノ門1-4-4
- 連絡先：03-5157-2424
- ホームページ：
  https://www.ikbridge.co.jp/
- 業種：韓国語講座・中国語講座運営業、通訳翻訳斡旋業

## 조직

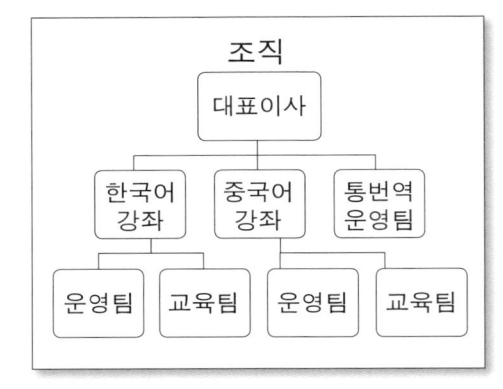

```
            대표이사
    ┌──────────┼──────────┐
  한국어      중국어     통번역
   강좌        강좌      운영팀
  ┌─┴─┐      ┌─┴─┐
 운영팀 교육팀  운영팀 교육팀
```

## 組織

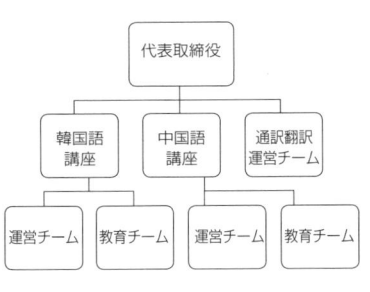

```
            代表取締役
    ┌──────────┼──────────┐
  韓国語      中国語     通訳翻訳
   講座        講座      運営チーム
  ┌─┴─┐      ┌─┴─┐
運営チーム 教育チーム 運営チーム 教育チーム
```

### 대표이사 (하타노 이즈미) 경력

- 1998 년 연세대학교 한국어학당 6 급 수료
- 1998 년 코리아헤럴드 제 33 회 외국인한국어웅변대회 최우수상 수상
- 2002 년 도쿄도 스기나미구 비즈니스 플랜 콘테스트 우승
- 2002 년 유한회사 아이 케이 브릿지 설립
- 2004 년 연세어학당 한국어교사 양성과정 제 20 기 수료
- 2008 년 한국웅변인협회 주최 제 13 회 세계한국어웅변대회 최우수상 수상
- 2010 년 중국어 공부 시작
- 2012 년 HSK (중국한어수평고시) 5 급 취득

### 代表取締役（幡野泉）経歴

- 1998 年　延世大学校　韓国語学堂 6 級修了
- 1998 年　コリアヘラルド第 33 回外国人韓国語雄弁大会 最優秀賞 受賞
- 2002 年　東京都杉並区ビジネスプランコンテスト優勝
- 2002 年　有限会社アイ・ケー・ブリッジ設立
- 2004 年　延世語学堂　韓国語教師養成課程 第 20 期修了
- 2008 年　韓国雄弁人協会主催 第 13 回 世界韓国語雄弁大会 最優秀賞 受賞
- 2010 年　中国語の学習を開始
- 2012 年　HSK（新漢語水平考試） 5 級取得

### 연혁

- 2002 년 유한회사 아이 케이 브릿지 창업 한일 비즈니스 컨설팅 사업 개시
- 2004 년 〔비즈니스 한국어 강좌〕개설
- 2005 년 『바로 쓸 수 있는 비즈니스 한국어』『레벨업 비즈니스 한국어』(산슈샤) 출판
- 2005 년 「I.K.Bridge 한국어 강좌」로 개명
- 2007 년 전국외국어교육진흥협회 가맹
- 2009 년 『오늘부터 쓸 수 있는 비즈니스 한국어』(알크) 출판
- 2010 년 중국어 강좌 개강 「아이 케이 브릿지 외국어학원」으로 개명
- 2012 년 『비즈니스 한국어 기초편』(산슈샤) 출판

### 沿革

- 2002 年　有限会社アイ・ケー・ブリッジ創業 日韓ビジネスコンサルティング事業開始
- 2004 年　「シゴトの韓国語講座」開設
- 2005 年　『すぐに使えるシゴトの韓国語』『レベルアップ シゴトの韓国語』(三修社) 出版
- 2005 年　「I.K.Bridge 韓国語講座」に改名
- 2007 年　全国外国語教育振興協会 加盟
- 2009 年　『今日から使えるビジネス韓国語』(アルク) 出版
- 2010 年　中国語講座　開講 「アイケーブリッジ外語学院」に改名
- 2012 年　『シゴトの韓国語 基礎編』(三修社) 出版

## 사업 분야

- 한국어 정규 수업
  〔기초 코스〕〔취미 코스〕〔비즈니스 코스〕
  〔통번역 코스〕〔영상번역 코스〕
  〔토픽 대책판〕기타
- 중국어 정규 수업
  〔기초 코스〕〔영상번역 코스〕
- 개인 수업 ( 한국어 / 중국어 )
- 기업파견 ( 한국어 / 중국어 )
- 통번역 서비스

## 事業分野

- 韓国語　定期講座
  「基礎コース」「趣味コース」「ビジネスコース」
  「通訳翻訳コース」「映像翻訳コース」
  「TOPIK 対策班」その他
- 中国語　定期講座
  「基礎コース」「映像翻訳コース」
- プライベートレッスン（韓国語／中国語）
- 企業派遣（韓国語／中国語）
- 通訳翻訳サービス

## 전망

- 2012 년　『비즈니스 한국어 응용편』(산슈샤) 출판
- 2013 년　중국어 강좌 정규수업에서
  　　　　〔비즈니스 코스〕〔통번역 코스〕
  　　　　〔시험 대책반〕개강
- 2014 년　한국의 한국어 학원과 업무제휴
- 2018 년　러시아어 강좌 개강

## 展望

- 2012 年　『シゴトの韓国語 応用編』（三修社）
  　　　　出版
- 2013 年　中国語講座 定期講座にて
  　　　　「ビジネスコース」「通訳翻訳コース」
  　　　　「試験対策班」開講
- 2014 年　韓国の韓国語学校と業務提携
- 2018 年　ロシア語講座　開講

## 2. 商品・サービス紹介の例　「アイケーブリッジ外語学院」

> 아이 케이 브릿지 외국어학원
> 한국어 강좌 소개
>
> 유한회사 아이 케이 브릿지

アイケーブリッジ外語学院
韓国語講座　紹介

有限会社アイ・ケー・ブリッジ

〈プレゼンテーション原稿例〉

안녕하십니까? 오늘은 바쁘신 와중에 아이 케이 브릿지 외국어학원 설명회에 참석해 주셔서 대단히 감사드립니다.
지금부터 저희 학원 한국어 강좌에 대해 소개드리겠습니다.

こんにちは。本日はお忙しい中、アイケーブリッジ外語学院の説明会にご参席くださり誠にありがとうございます。
これより当校の韓国語講座についてご紹介させていただきます。

> 목차
> ● 특징
> ● 교육과정 구성
> ● 수강 방법
> ● 수강생을 위한 혜택

目次
● 特徴
● 教育プログラムの構成
● 受講の方法
● 受講生のためのサービス

🔊 CD2-12 〈プレゼンテーション原稿例〉

오늘 설명회는 다음과 같은 순서로 진행하겠습니다.
먼저, 저희 학원의 특징에 대해 소개드린 후 단계 별로 나누어진 교육과정의 구성, 수강 방법, 그리고 수강생을 위한 혜택 순으로 설명드리겠습니다.

本日の説明会は以下のような順序で進めさせていただきます。
まず、当校の特徴についてご紹介したのち、レベル別教育プログラムの構成、受講方法、そして受講生のためのサービスという順でご説明させていただきます。

| 특징 | 特徴 |
|---|---|
| ● 일본 최초 비즈니스 한국어 전문 학교 | ● 全国初のビジネス韓国語専門校 |
| ● 직장인들을 위한 교육과정 | ● ビジネスパーソンのための教育プログラム |
| ● 실용적, 회화 중심 수업 추구 | ● 実用的、会話中心授業の追求 |
| ● 가족적이고 친근한 분위기 조성 | ● アットホームで親近感ある雰囲気づくり |
| ● 고객 만족 경영 | ● 顧客満足経営 |

🔊 CD2-13 〈プレゼンテーション原稿例〉

저희 학원의 특징은 무엇보다 일본 최초 비즈니스 한국어 전문학교이며 직장인들을 위한 교육과정이 알차다는 점입니다. 뿐만 아니라 실용적인 회화 중심 수업을 추구하면서 가족적이고 친근한 분위기를 조성하여 고객이 만족할 수 있는 경영을 지향하고 있습니다.

当校の特徴は何より、日本初のビジネス韓国語専門校であり、ビジネスパーソンのための教育プログラムが充実しているという点です。それだけでなく、実用的で会話中心の授業を追求しながら、アットホームで親近感が持てる雰囲気を作り、お客様が満足する運営を心がけています。

## 교육과정 구성

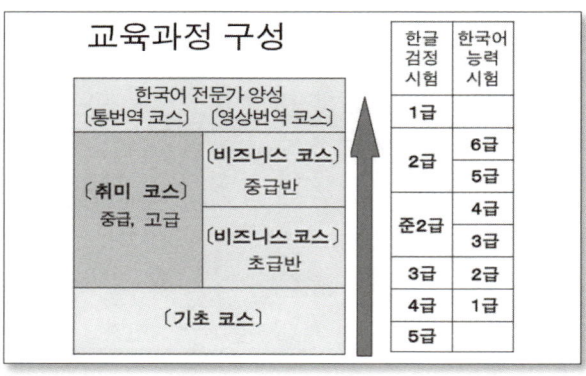

| | | 한글 검정 시험 | 한국어 능력 시험 |
|---|---|---|---|
| 한국어 전문가 양성 [통번역 코스] [영상번역 코스] | | 1급 | |
| [취미 코스] 중급, 고급 | [비즈니스 코스] 중급반 | 2급 | 6급 |
| | | | 5급 |
| | [비즈니스 코스] 초급반 | 준2급 | 4급 |
| | | | 3급 |
| | | 3급 | 2급 |
| [기초 코스] | | 4급 | 1급 |
| | | 5급 | |

**教育プログラムの構成（レベル別）**

| | | ハングル 検定試験 | 韓国語 能力試験 |
|---|---|---|---|
| 韓国語専門家養成 「通訳翻訳コース」「映像翻訳コース」 | | 1級 | |
| 「趣味コース」 中級, 高級 | 「ビジネスコース」 中級班 | 2級 | 6級 |
| | | | 5級 |
| | 「ビジネスコース」 初級班 | 準2級 | 4級 |
| | | | 3級 |
| | | 3級 | 2級 |
| 「基礎コース」 | | 4級 | 1級 |
| | | 5級 | |

🅾 CD2-14 〈プレゼンテーション原稿例〉

저희 학원은 초보자와 초급자를 위한 [기초 코스]를 시작으로 중급 단계로 올라가면 [비즈니스 코스]와 [취미 코스]로 나누어 수강생들이 원하는 내용에 맞게 선택할 수 있는 다양한 교육과정을 마련하고 있습니다.
또한 전문적으로 통역사와 번역사, 영상번역사를 목표로 하고 계신 분들을 위한 통번역, 영상번역 코스가 있습니다.

<sub>当校は初心者、初級者のための「基礎コース」から始まり、中級レベルに進むと「ビジネスコース」と「趣味コース」に分かれ、受講生がニーズに合った選択ができるよう多様な教育プログラムを用意しています。
また、専門的な通訳者と翻訳者、映像翻訳家を目標にされる方々のための通訳翻訳、映像翻訳コースがあります。</sub>

### 수강 방법
- 정규 코스
    - 평일밤, 주말 그룹 수업
    - 정해진 요일과 시간에 통학
    - 80분 수업
    - 대체 수업 제도
    - 복습 메일 발송
- 개인 수업
    - 수업시간을 수시로 예약하는 시스템
    - 40분 혹은 80분 선택 가능
    - 전날 18시까지 취소, 변경 가능
      (학원 영업일 기준)

### 受講方法
● **定期コース**
  - 平日夜、週末のグループレッスン
  - 決まった曜日と時間に通学
  - 80分授業
  - 振替授業制度
  - 復習メール配信

● **プライベートレッスン**
  - 授業時間を随時予約するシステム
  - 40分、または80分選択可能
  - 前日18時までキャンセル、変更可能（学院営業日基準）

CD2-15 〈プレゼンテーション原稿例〉

저희 학원에는 정규 코스와 개인 수업 두 가지로 구성되어 있습니다.
정규 코스는 평일 저녁반과 주말반으로 구성되어 80분 수업으로 진행되고 있습니다. 바쁘신 분들을 위한 대체 수업 제도나 복습 메일 발신 시스템까지 마련되어 있습니다.
정규 코스는 요일과 시간이 고정되어 있지만 개인 수업은 수시로 예약이 가능합니다. 수업 시간은 40분 혹은 80분 중에서 선택할 수가 있습니다.
그리고 수업예약일 전날 오후 6시까지만 연락주시면 취소가 가능합니다.

当校には定期コースとプライベートレッスンの2種類で構成されています。
定期コースは平日夕方の班と週末の班で構成されており、80分の授業となっております。忙しい方のための振替制度や復習メール配信システムまで整っています。
定期コースは曜日と時間が固定されていますが、個人授業は随時予約が可能です。授業の時間は40分、もしくは80分から選ぶことができます。
また、授業の予約日前日午後6時まで連絡をくだされればキャンセルも可能です。

```
수강생을 위한 혜택
● 쿨링오프제 도입、중도 해약 가능
        →전국외국어교육진흥협회에 가입
● 정기적인 카운셀링
● 다양한 이벤트 개최
        스피치 대회, 요리 교실, 합숙 교실 등
● 특별 강좌 할인 제도
        강연회, 토픽 대책반 , 발음 강좌 등
● 그 외 유익한 정보 제공
        영화나 연극 초대권 배부, 도서 대출 등
```

```
受講生のためのサービス
● クーリングオフ制度導入、
   中途解約可能
   →全国外国語教育振興協会に加入
● 定期的なカウンセリング
● 多様なイベント開催
   スピーチ大会、料理教室、
   合宿教室など
● 特別講座割引制度
   講演会、TOPIK対策班、発音講座など
● その他有益な情報提供
   映画や演劇の招待券配布、図書貸出など
```

〈プレゼンテーション原稿例〉

마지막으로 수강생을 위해 다양한 혜택을 마련하고 있습니다. 저희 학원은 쿨링오프제를 도입하여 중도 해약도 가능하게 함으로써 수강생들이 보다 쉽게 한국어 학습을 시작할 수 있도록 환경을 제공해 드리고 있습니다.
그리고 정규적인 카운셀링을 통하여 수강생들의 단계 향상과 어학 학습을 위한 대안 제시, 또한 스피치 대회, 요리 교실, 합숙 교실 등의 다양한 이벤트도 개최하고 있습니다.
그 외에 강연회, 토픽 대책반, 발음 강좌 등 특별 강좌를 회원가격으로 수강할 수 있으며 영화, 연극 초대권을 배부하거나 무료 도서 대출 등을 실시하고 있습니다.
앞으로도 수강생분들께 유익한 정보를 제공하기 위해 끊임없이 노력하겠습니다. 이상으로 발표를 마치겠습니다.
감사합니다.

最後になりますが、受講生のため様々なサービスを用意しています。
当校はクーリングオフ制度を導入し、中途解約も可能とすることで、受講生がより気軽に韓国語学習を始められる環境を提供しています。
また、定期的なカウンセリングを通じ、受講生のレベルアップと語学学習のためのアドバイスの提供、さらには、スピーチ大会、料理教室、合宿教室などの多様なイベントも開催しています。
その他、講演会、TOPIK対策班、発音講座などの特別講座を会員価格で受講することができ、映画、演劇の招待券を配布したり無料の図書貸し出しなどを実施しています。
これからも受講生のみなさまのために有益な情報を提供すべく、たゆまない努力を続ける所存です。
以上で発表を終わらせていただきます。
ありがとうございました。

## 練習

**1.** 109ページの「会社紹介の例」にならい、みなさんの会社の紹介を書いてみましょう。

**2.** 112ページの商品・サービス紹介の例にならい、みなさんの会社の商品またはサービスの紹介を書いてみましょう。

---

### プレゼンテーションは堂々と。「～と思います」はやめましょう

　小さいころから人の上に立つよう教育されている韓国人は、やはりプレゼンテーションも上手です。堂々と胸を張り、声も張りがあり大きく、資料も視覚的効果を多様に使います。また、彼らにとっての外国語である英語、日本語、中国語などでプレゼンテーションをする努力しています。

　一方、日本人は韓国人ほど人前で話すことに慣れておらず、原稿を見ながら小さい声でボソボソとプレゼンテーションを行う場面を見ることも少なくありません。残念ながら国際社会では「誠意が伝わればいい」「よい製品は多くを語らずもわかってもらえる」という日本人的願望（？）はなかなか伝わりませんので、せめてそんな姿勢から変えてほしいと思います。

　また、言葉遣いも大切です。日本人が多用する「～と思います（-라고 생각합니다）」を、韓国人は商品説明、交渉の場であまり使用しません。自身をアピールするとき、何かを勧めたいときは、「꼭 도움이 될 겁니다.（必ずお役に立つでしょう。）」「귀사도 한번 사용해 보시면 만족하실 겁니다.（貴社も一度使用すれば満足されるでしょう。）」というような、自信が伝わる表現を使うようにしましょう。

# 第11章

## インターネットを利用し、情報収集をしてみましょう

　調べたいことをインターネットで検索することが一般的になってきました。韓国は言わずと知れたネット社会。しかし、韓国の情報を韓国のサイトで調べようとして、得たい情報になかなかたどり着かず、あきらめたことのある方も多いかもしれません。

　ちょっとしたコツを知り、インターネットを味方につければ、韓国のいろいろなことを知ることができます。この章では慣れない韓国語のウェブサイトで迷わないように、韓国のサイトで情報収集をするときのコツなどを見ていきましょう。

※章全体を通じ、2019年3月現在の情報となっています。

## 본문 本文

마에다 : 사장님이 저한테 한국에서 제일 큰 일본어 교재 출판사에 대해 조사를 하라고 하시는데 어떻게 하면 될까요?

김동현 : 제일 큰 일본어 교재 출판사라면 시사일본어사가 아닐까요? '네이버에 물어봐'라는 말이 있잖아요. 네이버에서 알아보시는 게 어때요?

마에다 : 아까 좀 찾아봤는데 뭐가 뭔지 모르겠더라고요. 무슨 "카페"라는 페이지로 자꾸 가서….

김동현 : "카페"는 보통 한국사람들이 자유롭게 이야기를 나누는 곳이기 때문에 한국 사람들의 생생한 이야기를 들을 수 있지만 정보 신뢰성 측면에서 따지면 좀 주의를 하셔야 해요.

마에다 : 그럼, 어디를 보면 되는 건가요?

김동현 : 회사 이름을 검색창에 넣으시면 제일 위에 공식 페이지가 나올 텐데…. 같이 한번 볼까요?

마에다 : 고마워요, 동현 씨.

| | |
|---|---|
| 前田： | 社長が私に韓国で最も大きい日本語教材出版社について調査をしろとおっしゃるのですが、どうしたらよいでしょうか。 |
| キム・ドンヒョン： | 最も大きい日本語教材出版社いうと、時事日本語社じゃないでしょうか。「ネイバーに聞け」という言葉があるじゃないですか。ネイバーで調べてみるのはどうですか？ |
| 前田： | さっきちょっと探してみたのですが、何がなんだかわからなかったんですよ。何だかしきりに「カフェ」っていうページに行ってしまって… |
| キム・ドンヒョン： | 「カフェ」は通常、韓国人が自由に話をするところなので、韓国人の生の声が聞けますけど、情報の信頼性という面では注意をしないといけません。 |
| 前田： | では、どこを見ればいいのでしょうか？ |
| キム・ドンヒョン： | 会社の名前を検索バーに入れれば一番上に公式ページが出て来ると思うのですが…。一度一緒に見てみましょうか。 |
| 前田： | ありがとうございます、ドンヒョンさん。 |

## 공략포인트 攻略ポイント

### 1. 情報収集のしかた

#### 1) 日本語のサイトで韓国の話題を検索する

○新聞社サイト

韓国の最新の話題、記事を日本語で読むことができます。
・朝鮮日報－Chosun Online　http://www.chosunonline.com/
・中央日報　http://japanese.joins.com/
・東亜日報　http://japanese.donga.com/

○韓国情報サイト

韓国旅行のサイトですが、韓国の文化、話題など韓国事情についての資料も豊富です。
・韓国旅行 「コネスト」 http://www.konest.com/
・韓国観光旅行ガイド「ソウルナビ」 http://www.seoulnavi.com/

## 2) 韓国語のサイトで韓国の話題を検索する

〇新聞社サイト
　・조선일보（朝鮮日報）　http://www.chosun.com/
　・중앙일보（中央日報）　http://joongang.joinsmsn.com/
　・동아일보（東亜日報）　http://www.donga.com/
　・한겨레신문（ハンギョレ新聞）　http://www.hani.co.kr/

〇ポータルサイト
　・Naver　http://www.naver.com/
　　韓国で利用者No.1を誇るポータルサイトです。「Naver」で調べれば何でもわかる、という意味の「네이버에 물어봐（ネイバーに聞いてみて）」というコマーシャルのセリフが話題になったこともあります。
　・Daum　http://www.daum.net/
　　「hanmail（ハンメール）」や「Daum Cafe」が有名です。
　・Nate　http://www.nate.com/
　　メッセンジャーの「네이트온（ネイトオン）」が有名です。
　・Google　http://www.google.co.kr/
　　「G-mail（ジーメール）」や情報検索で利用する人が増えてきました。

## 3) ポータルサイトで情報検索する

「Naver」の検索バーに、調べたい件の用語を入れると以下のような項目が並びます（2019年3月現在）。検索語によって、出てくる項目もその順番も変わります。あふれる情報の中でどこをクリックすれば、知りたい情報に行き着くことができるか見てみましょう。

　〇연관검색어（関連検索語）
　　例えば、検索バーに「일본어」と入れると「일본어 학원（日本語学校）」「일본어 책（日本語の本）」など、多く検索されているワードが出てきます。うまく利用すれば、調べたい情報により早く行き着くことができます。
　〇연관채널（関連チャンネル）
　　関連キーワードが入っているチャンネル（페이스북, 블로그, 트위터, 유튜브, 포스트, 카카오스토리, 인스타그램, 앱스토어 など）のサイトが出てきます。

○바로가기 (すぐ行く)

公式ホームページが出てきます。会社、団体などが直接運営する公式ホームページなので、情報の信頼性は高くなります。

○실시간 검색 (リアルタイム検索)

関連語がツイッターに投稿されるとリアルタイムに表示されます。タイムラインが流れる様をサイト上で見ることができます。

○실시간 증권정보 (リアルタイム証券情報)

検索語が上場企業の場合、株式情報が出てきます。金融情報だけでなく、株価を左右しそうな最新ニュースも表示されます。

○파워링크 (パワーリンク)

検索語に関連した広告サイトが出てきます。

○사이트 (サイト)

公式ページのほか、検索語に関連したホームページが出てきます。公式ページなどの情報が出てくる一方、同じ検索語のまったく関係ないページが出てきたりもします。

○블로그 (ブログ)

個人のブログで検索語について取り上げられたものが出てきます。情報の信頼性が高いとは言えませんが、詳しく解説されているものは参考にもなり、また一般の人の声を拾うのに適しています。

○어학사전 (語学事典)

国語辞典、外国語辞典です。インターネットの特性上、一般の辞書には出てこない流行語や俗語なども調べることができます。例文も豊富で、語学学習にも役立つツールです。

○지도 (地図)

関連の地図、電話番号、住所などが出てきます。

○지식백과 (知識百科)

いわゆる百科事典です。Naverの知識百科サイトはもちろんのこと、위키백과 (ウィキ百科→ウィキペディア) なども出てきます。

○지식쇼핑 (知識ショッピング)

インターネットショッピングのサイトが出てきます。

○뉴스 (ニュース)

インターネット記事などの報道資料が出てきます。マスコミでどう取り上げられているかなどを調べたいときに最適です。

○지식 iN（知識 iN）
　何かのテーマについて質問をすると、それに詳しい人が答えを書いてくれるページです。「Yahoo! JAPAN」の「Yahoo! 知恵袋」に該当します。
○카페（カフェ）
　カフェは一定のテーマに関心のある人々が交流するサイトです。検索語に関連したカフェのサイトが紹介される場合もあれば、単に検索語がページのどこかに載っているだけというものも出てきます。
○이미지（イメージ画像）
　関連したイメージ画像が出てきます。
○동영상（動画）
　関連した動画が出てきます。
○책（本）
　関連書籍が出てきます。
○비즈사이트（ビズサイト）
　広告です。検索ワードに関連したショッピングサイトや関連商品・サービスを取り扱う企業のサイトが出てきます。
○뉴스 라이브러리（ニュースライブラリー）
　データ化された新聞記事を見ることができます。たいてい少々昔の記事になります。
○전문정보（専門情報）
　有料で見ることのできる論文やレポートなどが出てきます。
○웹문서（ウエブ文書）
　採用情報や論文、レポートなど、ファイルを有するページが出てきます。
○책 본문（書籍本文）
　関連書籍の本文などが閲覧できます。
○브랜드 검색（ブランド検索）
　主に大企業の名前を検索すると出てくる広報資料です。企業のイメージ動画・画像などのほか、その企業が特に誘導したいサイトなどが出てきます。
○앱정보（アプリ情報）

## 練習

**1.** 本文に登場した前田さんが「株式会社 時事日本語社」ついて調べ、以下の例のようにまとめました。（日本語訳は170ページ参照）

例）

> ※ 조사한 날짜 2019 년 3 월 14 일
>
> 회사명 : _____주식회사 시사 일본어사_____
>
> 【회사개요】
>
> 설립 : 1977년
> 회장 : 정영례
> 대표이사 : 엄태상
>
> 일본어 교재 전문 출판사로서 40년 넘은 역사를 가지며 자회사인 일본어학원은 한국 최대의 규모를 자랑한다.
>
> 【업무내용】
>
> 일본어, 중국어, 한국어, 영어 등의 교재 출판 및 일본어, 중국어 학원 운영, 온라인 교육 사이트 운영을 실시하고 있다.
>
> 【주요 상품, 서비스】
>
> 자사 개발 교재나 출판권을 가지고 있는 일본이나 중국의 주요 교재가 대학교를 비롯한 각종 교육기관에서 사용되고 있다. 일본어학교로서도 지명도가 높아 개설된 반도 다양하여 일본어 초급반부터 JLPT(일본어 능력시험) / EJU(일본유학시험) / 관광통역안내사 등의 시험 대비반, 비즈니스 회화반, 일본인 회화반, 드라마 시청반, e-learning강좌 등이 있다. 그 외에 서울 신촌에는 '한글 파크'라고 하는 한국어 학습 교재 전문서점을 운영하고 있다.
>
> 【장래성, 전망 등】
>
> 한국 시장의 일본어 교육분야에서는 안정적인 지위를 확보하고 있다고 여겨지며, 일본어 교육뿐만 아니라 중국어, 한국어, 영어 교육에도 주력하여 한국의 글로벌화에 발맞춘 운영을 실시하고 있으므로 시사일본어사의 미래는 밝을 것으로 기대된다.

例を参考に、「韓国語能力試験（TOPIK）」のサイト（http://www.topik.go.kr/）を見て、情報をまとめましょう。

※ 조사한 날짜_____년___월___일

시험명 : _____

【시험의 개요】
- 연혁 : _____년 1회 첫 시행
- 응시대상 : 한국어를 모국어로 하지 않는 _____ 및 _____
- 주관기관 : _____ (http://www.topik.go.kr/)
- 시행시기 : 연간 국내 총 6회 실시

【시험의 내용】
획득한 _____ 를 기준으로 판정됨.
TOPIK I (총점 _____ 점 만점)
　_____급 80점 이상
　_____급 140점 이상
　영역 _____, _____
TOPIK II (총점 _____ 점 만점)
　_____급 120점 이상
　_____급 150점 이상
　_____급 180점 이상
　_____급 230점 이상
　영역 _____, _____, _____
- 등급별 평가 기준

| 등급 | | 평가 기준 |
|---|---|---|
| __급 | 1급 | _____ 언어 기능 수행, _____ 화제를 이해 |
| | 2급 | _____, _____ 이용에 필요한 기능 수행 |
| __급 | 3급 | _____ 에 불편함이 없고 다양한 _____ 의 이용과 사회적 관계유지에 필요한 언어기능 수행 |
| | 4급 | _____ 이용과 사회적 관계유지, 일반적인 _____ 필요한 기본적인 언어 기능 수행 |
| __급 | 5급 | _____ 에서의 연구나 _____ 에 필요한 언어 기능 어느 정도 수행 |
| | 6급 | _____ 의 언어 기능을 정확하고 유창하게 수행 |

**2.** 興味のある韓国企業や韓国の商品・サービスなどを韓国のポータルサイトを利用し、調べましょう。調べる目的や項目を絞ってから調べましょう。

泉先生の
## ここが Point!

### Point 1　間違った言葉がヒットすることもある!?

　韓国語を勉強していて「あれ？　この言葉の意味はなんだっけ」「これと、これ、どっちが正しいのかな」「綴りはどうだったかな。どう使うのかな」と思って韓国のサイトに入り、調べたことのある人は多いでしょう。
　しかし、インターネットに出てくる言葉は、必ずしも正しい言葉ばかりではありません。国語として正しいものかどうかの前に、「よく使われる」「使っている」ものも出てくるので、例えば「몇일」（何日：正しくは「며칠」）、「스물살、수무 살」（20歳：正しくは「스무살」）といった間違った言葉が多くヒットすることもあります。これは日本のサイトも同じかもしれません。「韓国のサイトで調べたから正しい」という認識は捨て、あくまでも参考程度として考えなければいけないでしょう。

### Point 2　流行語をいち早くキャッチ

　教科書や辞書に載っていないけれど、よく使われる表現や最新の流行語を知ることができるのもインターネットの醍醐味です。
　たとえば、「하세요（ハセヨ）」が「하세용（ハセヨン）」となっていたり、「ふっふっふ」や「クックックッ」といった、かすかな笑いを「ㅎㅎㅎ」「ㅋㅋㅋ」と表したりしているものを見つけることができます。インターネットで旬の言い回しをチェックしてみましょう。

## Point 3　会員登録の壁「住民登録番号」

　韓国のサイトでちょっとした情報収集以上のことをしようとすると、ほとんどのサイトで会員登録が必要になります。しかし、この会員登録には、住所・電話番号・名前・生年月日などとともに「住民登録番号」が必要になることが多いのです。でも、この「住民登録番号」を外国人はもつことができません。

　サイトによっては、外国人専用の会員登録ページがあるところもありますが、「外国人登録番号（韓国在住の外国人が出入国管理局から発行される番号）」が必要であったりするため、残念ながら気軽に会員登録ができるサイトがあまりないのが実情です。

　インターネット上では対処法が見つからないけれど、どうしてもサービスを受けたいサイトがある場合は、管理者に問い合わせてみてはいかがでしょうか。パスポートなどの身分証明書をファックスで送るなど、別の方法で対処してもらえることもあります。

# 第 12 章

## 通訳・翻訳を体験してみましょう

　韓国語が一定のレベルまで達すると、誰もが「やってみようかな」「できるかな」と思うのが「通訳・翻訳」でしょう。また、日本語と韓国語を不自由なく操っていれば、周囲の人からも当然通訳・翻訳ができると思われがちです。

　しかしながら、通訳・翻訳の技術というのは、「韓国語を不自由なく操る」能力とはまったく別物です。実際「できるかな」と思い体験してみて、その大変さ、難しさに愕然とされた方もいらっしゃるかもしれません。

　通訳・翻訳の技術を身につけるためには、長年にわたる緻密で専門的な訓練が必要となりますが、ここでは会社やビジネスの場でとっさに「通訳（または翻訳）してくれる？」と頼まれたときにあわてないよう、その心構えや種類について見てみましょう。

## 본문 本文

이미영 : 어떡하지요? 사장님이 저한테 다음 주 회의 때 통역을 하라고 하시는데 자신이 없어요.

박동훈 : 미영 씨는 일어를 잘하니까 당연히 할 수 있을 거라고 생각하시겠지요.

이미영 : 일어를 좀 한다는 것과 통역을 할 수 있다는 것은 다른데…. 외부 통역사를 부를 수 없을까요?

박동훈 : 예산이 없는 것도 있겠지만 회사 사정을 잘 아는 사람에게 맡기고 싶으신 거 아니겠어요? 회의 내용이 뭐예요?

이미영 : 회계 시스템 문제점을 논의한다고 해요.

박동훈 : 그럼, 미리 경리부 분들께 시스템에 대해 많이 물어봐야 되겠네요.

이미영 : 제가 할 수 있을까요? 마음이 무거워요.

---

イ・ミヨン： どうしましょう。社長が私に来週の会議で通訳をしろとおっしゃるのですが自信がありません。

パク・ドンフン： ミヨンさんは日本語が上手なので、当然できるだろうと思っておられるのでしょうね。

イ・ミヨン： ちょっと日本語を話せるというのと通訳ができるというのは違うのですが…。外部の通訳者を呼ぶことはできないでしょうか。

パク・ドンフン： 予算がないこともあるだろうけれど、会社の事情をよく知っている人に任せたいと思っておられるのではないでしょうか？ 会議の内容はなんですか？

イ・ミヨン： 会計システムの問題点を議論するんだそうです。

パク・ドンフン： では前もって経理部の方々にシステムについて十分に尋ねておかないといけませんね。

イ・ミヨン： 私にできるでしょうか…。気が重いです。

## 공략포인트 攻略ポイント

### 1. 通訳・翻訳について

#### 1) 通訳の主な種類

①逐次通訳

　　会議、商談、研修、表敬訪問、セミナーなど、広範囲で行われています。話者が話し、一文節、または一段落ごとに区切り、通訳をします。話すことに夢中になり、文章をなかなか切ってくれない人の通訳は非常に難しいです。原稿やレジュメを事前にもらい、どこで文章を切るかなど打ち合わせをすることもあります。

②同時通訳

　　国際会議、シンポジウム、パネルディスカッションなど、規模の大きい場所で行われます。通訳者がブースに入り、マイクとヘッドホンを使って話者の話と同時に通訳をします。規模が大きくない場所では、ブースを作るコストを削減するため、簡易同時通訳機材を使用するケースもあります。この場合、ブースやヘッドホンがないことも多く、マイク越しではない生の声を聞きながら同時通訳をすることになります。

　　同時通訳には「リレー通訳」というものもあります。例えば、日本で開催される日中韓の人々が集まる会議の場合、日本語から韓国語、韓国語から日本語だけでなく、韓国語から中国語、またはその逆に通訳ができる人も必要になります。しかし、日本において韓中の通訳者を手配するのは困難なので、韓国語をまず日本語に訳し、その日本語を中国語に訳すという方法を採ります。

③ウイスパリング

　　会議、商談などにおいて、ある一定の人だけ（通常 1，2 名）に小声で同時通訳をする方法です。逐次通訳の時間を省略するメリットがあり、通訳者は日本語→韓国語、または韓国語→日本語どちらかの通訳のみになることが多くなります。

　　中規模会議やセミナー、イベントなどでは、発表者（韓国人）の言葉をマイク等で会場全体に日本語で話し（逐次通訳）、逆に商談相手、司会者、聴衆などの意見や質問等の日本語の発言はマイクを使わずに同時に韓国語で伝えてるウィスパリングが採られます。

## 2) 翻訳の主な種類

①ビジネス、公務に関する文書
　　主に以下のような分野の翻訳があります。
　　　法律、契約書、法務、特許、金融、証券、保険、財務、会計、広報、IR、マーケティング、通信、教育、IT、エネルギー、資源、環境、建築、土木、産業機械、マニュアル、電気・電子機器、医療、医薬、化学、バイオ、食品、その他一般文書

②書籍の翻訳
　　小説、詩などの文芸作品から、エッセイ、自己啓発本などのビジネス書の翻訳も行われます。出版社が海外の出版社から版権を買い、翻訳者に依頼をする場合と、翻訳者が海外の書籍を出版社に持ち込んで出版を提案し、自らが翻訳する方法もまれにあります。

③映像翻訳
　　ドラマ、映画、バラエティ番組などの映像に字幕をつけるための翻訳です。日本では、専用のソフトを用い、翻訳者が自身のパソコンで字幕を付け、納品するケースがほとんどです。セリフ1秒につき、字幕を4文字しか入れられないという厳しい制限があります。

## 3) 通訳の心構え

①事前準備を念入りに行う
　　関連会社、団体のウェブサイト、資料などをよく読み、業務内容・活動内容を熟知しておきましょう。

②目的確認をする
　　その日のうちに金額交渉をまとめたい、技術的な問題を解決したいなど、会議等における到達目標を確認しましょう。

③メモを利用する
　　メモの精度が通訳の精度を上げます。間違えやすい固有名詞、数字、単位などは、ミスがないようにしましょう。
　　メモの取り方に特別な「きまり」はありません。通訳者は独自の記号を用いたり、字の配置で文章の構造がわかるようにしておいたりと工夫しな

用いたり、字の配置で文章の構造がわかるようにしておいたりと工夫しながら自分なりの方法を編み出しています。会社名や商品名など、頻度が高くなるであろう固有名詞の記号を前もって決めておいたりすることなども技術の一つです。

④「黒子」であることを忘れない

プロジェクトの一員であり、かつ通訳も兼ねる場合は意見を求められたりすることもありますが、単純に通訳を任されている場合は、自分の考えは一切入れずに中立的な立場で冷静に通訳ができるようにしましょう。

また、通訳をする際は「○○さんが〜と言っています」「〜だそうです」などの伝聞形式は使用しないことが基本です。

## 4) 翻訳の心構え

① 読み手を意識する

どんな人が読むのかを念頭におきましょう。例えば、専門家が読むのか、一般の人が読むのか、また、年配の人が読むのか、若年層が読むのか。対象の読者によって文章や単語の使い方が変わってくるでしょう。

② 内容によって表現・訳し方を変える

ビジネス文書の翻訳は直訳を用いる傾向がありますが、小説、シナリオ、歌の歌詞などは、意訳を多く用いる傾向があります。

## 5) 通訳・翻訳共通の心構え

① 日韓の事情に通じておく

ふだんから日韓両方の媒体で、ニュースや時事的な話題をチェックしておきましょう。

② 日本語、韓国語双方の特徴を捉えた表現を用いる

日本語的表現、韓国語的表現の特徴を知っておきましょう。

【例】「お世話になっております」(メール冒頭文) − 「안녕하십니까?」

「ご訪問させていただきます」− 「방문하겠습니다」

「〜と思われます」−「−라고 생각됩니다」「−(으)ㄹ 전망입니다」

「−것으로 보입니다」「−라고 봅니다」

日本と韓国の会社では、例のように肩書きのつけかた、敬語の使いかたが違います。

【例】저희 회사의 이승훈 사장님은,
　　　→　×　弊社のイ・スンフン社長は、
　　　→　○　弊社社長のイ・スンフンは、

③日韓双方の事情を汲んだ適切な語彙の選択をする

日本と韓国の文化、社会、地理、歴史の基礎知識を知り、適切な語句を用いましょう。

【例】

| | | |
|---|---|---|
| 남한 [南韓] | 韓国（大韓民国） | |
| 북한 [北韓] | 北朝鮮（朝鮮民主主義人民共和国） | |
| 한반도 [韓半島]　朝鮮半島 | 한국전쟁 [韓国戦争] | 朝鮮戦争 |
| 동해 [東海]　日本海 | 서해 [西海] | 黄海 |
| 정상회담 [頂上会談]　首脳会談 | 원전 [原電] | 原発 |
| 재활용 [再活用]　リサイクル | 친환경 [親環境] | エコ |
| 음식 쓰레기 [飲食ゴミ]　生ゴミ | 성탄절 [聖誕節] | クリスマス |

④同音異義語に注意する

「상담」が「商談」なのか「相談」なのか、また、「광주」が「光州」なのか「広州」なのかなど、前後の文脈や内容などから適切に判断しましょう。

⑤本題、主題を汲み取る

筆者・作者、話者の話したいこと、表現したいことの核心を捉え、気持ちを汲みましょう。主観を入れたり、勝手な解釈を入れたりしないよう気をつけましょう。

## 2. 通訳の練習のしかた

### 1) 韓国語→日本語の通訳の場合

①メモライゼーション (Memory)

あらかじめ録音されている韓国語の文章を聞き、一段落、もしくは一文

節で止めて、原文どおりに韓国語で文章を再現します。

②サイトトランスレーション (Sight Translation)
　　韓国語の原稿を目で追いながら、日本語に同時に訳していきます。

③逐次通訳
　　一段落、一文節を、メモをしながら聞き、日本語に訳します。

④ディクテーション (Dictation)
　　音声を流し、書き取ります。①〜③までの復習の意味があります。ニュース等のディクテーションは、語彙・聞き取り能力の向上に非常に効果的な学習方法なので、日々取り入れるとよいでしょう。

⑤シャドーイング (Shadowing)
　　音声を流し、最初は④で作成したものを見ながら、聞こえてくる音声の後ろを影のようについて真似ていきます。慣れてきたら何も見ないで挑戦します。外国語らしいリズム、イントネーションなどを学ぶのにも役立ちます。

**2) 日本語→韓国語の通訳の場合も、上記のように練習を行います。**

### 通訳・翻訳の国家資格試験、専門大学院

　日本国内の通訳の国家試験には、国際観光振興機構 (JNTO) が主催している「通訳案内士試験」があります。外国語を用いて旅行に関する案内業を営む人々が取得を目指す資格です。「単に語学力が優秀であるだけでなく、日本の地理、日本の歴史、さらに産業、経済、政治および文化といった分野に至る幅広い知識、教養を持って日本を紹介するという重要な役割を担って（JNTO ホームページより）」いるため、語学のみならずさまざまな試験内容があります。2020 年度の韓国語分野の合格率は 10.0％でした。地域に特化した通訳案内士の試験を実施している都道府県もあります。

　また、韓国には「通訳翻訳大学院」があり、専門の通訳者、翻訳者になりたい人々が入学を目指しますが、かなりの難関でもあります。この大学院に入るための専門の学院（학원）も韓国には多数あります。

## 연습 練習

**1.** CDを聞き、日本語を韓国語に通訳する練習をしましょう。

CD2-19 日本語
CD2-20 ゆっくり
CD2-21 ノーマル

① 「安眠まくら-らくらく」

朝起きても頭がスッキリしない、疲れが取れない、そんな方は「安眠まくら-らくらく」をお試しください。首にフィットする独自のデザインで、血行を良くし、快適な睡眠をお約束します。無料お試し期間は一週間。返品も可能です。お電話は1120-999-8383。今すぐどうぞ。

CD2-22 日本語
CD2-23 ゆっくり
CD2-24 ノーマル

② 「株式会社ウエブサイト・ラボの会社紹介」

みなさん、こんにちは。株式会社ウエブサイト・ラボ、代表取締役の松原みゆきです。当社は福岡県福岡市で企業のウェブサイトの企画、運営、制作を行っています。これまでさまざまな業種のホームページを手掛けてまいりましたが、飲食業のお客様とのお取引を主にさせていただいております。最近は日本語のみならず、韓国語、中国語のウェブサイトの制作依頼をたくさん頂戴するようになりました。制作にあたっては、韓国人、中国人スタッフを直接採用し、ページデザイン、翻訳の仕方を工夫しながらそれぞれのマインドに訴えることができるページ作りを心がけています。当社の理念は「お客様を呼ぶウエブサイド作り」です。SEO対策もお任せください。多くのみなさまのご利用をお待ちしております。

**2.** CDを聞き、韓国語を日本語に通訳する練習をしましょう。

CD2-25~26

① 「백화점 9월 매출 신장률 주춤」

추석을 맞아 명절 특수를 노렸던 백화점들이 예상만큼 매출이 늘지 않은 것으로 나타났습니다. 주요 백화점에 따르면 예년에 비해 올해 매출은 절반 정도로 판매가 부진했다고 밝혔습니다. 때 이른 추석에 특수기간이 줄고, 경기침체로 인한 얼어붙은 소비심리로 백화점측은 이렇다 할 재미를 못 봤다는 분석입니다.

② 「'싱글족'을 겨냥한 원터치 밥솥」

　전기 밥솥으로 밥을 할 때마다 항상 밥 양이 많아서 오랫동안 보온상태로 두시는 분들, 시간이 많이 걸려서 햇반으로 끼니를 때우시는 분들, 밥하기 귀찮아서 굶으시는 분들 많으시지요. 그런 여러분들께 저희 원터치 밥솥을 소개드리고자 합니다. 1-2인용 미니 밥솥으로 복잡한 기능 없이 버튼 하나만 누르면 매번 빠르고 간편하게 따끈따끈한 밥을 한 공기씩 지어서 먹을 수 있습니다. 또한 내솥 분리가 가능하고 내열성이 좋아서 밥뿐만 아니라 찜이나 찌개 등 다양한 요리도 간단하게 뚝딱 만들 수 있습니다.

　게다가 전기료도 큰 밥솥에 비해 절반가량 절약할 수 있는 효자 제품입니다. 거품을 뺀 알뜰 가격으로 자신 있게 여러분들께 소개드립니다.

## 3. 日本語は韓国語に、韓国語は日本語に翻訳してみましょう。

① 「日本の造船業界、エコ技術で巻き返しを図る」

　かつて世界一を誇っていた日本の造船業界は、韓国、中国勢の台頭に影をひそめています。しかし、日本独自の省エネ技術を用いた船－「エコシップ」は、多方面から期待を集めています。日本の造船業界再生の契機となるでしょうか。

　まず、A社は、船の底に空気を送り船体と海水の間に空気の層を作ることで水と船の摩擦を減らし、燃費を向上させようとしています。また、B社はプロペラを低速で回転させることで低燃費を実現しています。そして、C社はハイブリッドシステムの開発を進めています。

　このように各社ともさまざまな省エネ技術を駆使し、低燃費船の開発に力を注いでいます。

② 「서울종합전시장 40년만의 변신」

　　서울종합전시장은 지난 1973년 한국 최초 종합전시장으로 개관한 이래 수많은 세계적인 규모의 회의와 전시를 개최, 주관해 온 국제 회의와 전시 전문센터입니다.

　　연간 150회 이상의 전문 전시회와 컨벤션, 특별 행사를 개최하고 있는 서울종합전시장은 소규모 회의 에서부터 각국 정상회담, 초대형 국제회의까지 수행할 수 있는 다양한 회의장과 대형 전시장 등 국내 최고의 회의 및 전시 시설을 갖추고 있습니다.

　　모든 회의 전시장에는 최첨단 동시통역 시스템, AV 시스템과 조명, 전기, 통신 등의 제반 시설이 완벽하게 설치되어 있습니다.

　　2012년 6월 새로운 모습으로 개관한 서울종합전시장은 명실상부한 전시 컨벤션 산업의 메카로서 전세계를 무대로 보다 적극적이고 의욕적으로 사업을 전개해 나갈 것입니다.

# 第 13 章

# 会議・商談、契約をしてみましょう

　同じ国の会社どうしでも、その会社が持つ社会的背景、経済的事情、会社規模、理念は千差万別で、取引にあたっては入念な調査、作業が必要です。

　これが国際間取引となったら、どうなるでしょうか。両国、両社のもつ歴史的背景や文化的背景、そして法律問題を含む商習慣のギャップを埋めながら協業することは、生半可な取り組みでは到底成し遂げられないと言っても過言ではありません。国際間取引は、通常の国内での取引の倍以上の時間とコストがかかると言われています。しかし、企業は国内以上の供給を見込んだり、コスト削減を図るなど意義的なものを求めて、海外に進出します。

　ここでは日韓取引の一例と、商談、契約までの流れを見てみたいと思います。

## 본문 本文

안동하 : 원장님, 지난번 도쿄중앙전시장에서 열린 도서 전시회에서 재미있는 책을 발견했습니다.

조은희 : 무슨 책이에요?

안동하 : 일본 출판사 책인데 비즈니스 한국어 책입니다. 국내에서도 비즈니스 한국어 책이 많지 않은데 일본에서 이런 책을 볼 수 있을 줄 몰랐습니다.

조은희 : 그러게요. 신규개발부 직원 입장에서 볼 때 한국에서도 가능성이 있을 거 같아요?

안동하 : 네, 충분히 있다고 봅니다. 한국 비즈니스 매너에 대한 내용이 흥미롭고 저희 한국 사람들도 느끼지 못했던 비즈니스 문화에 대해서 재미있게 잘 설명되어 있습니다. 책은 일본의 아이 케이 브릿지라는 학원에서 개발이 되어서 거기서 수업도 하는 모양입니다.

조은희 : 그래요? 책을 좀 보여 주세요.

안동하 : 여기 있습니다. 이 책으로 어떻게 수업을 하는지 궁금합니다. 저희도 그 노하우로 유학생들에게 비즈니스 한국어 수업을 제공할 수 있으면 좋겠습니다.

조은희 : 재미있겠네요. 홈페이지에 연락처가 있을테니까 그 학원에 한번 연락해 봐요.

アン・ドンハ： 学院長、先日東京中央展示場で開かれたブックフェアで、おもしろい本を見つけました。
チョ・ウニ： どんな本ですか？
アン・ドンハ： 日本の出版社の本なのですが、ビジネス韓国語の本です。国内でもビジネス韓国語の本は多くないのに、日本でこのような本が見られるとは思いませんでした。
チョ・ウニ： そうですね。新規開発部社員の立場で見て、韓国でも可能性はありそうですか？
アン・ドンハ： はい、充分あると思います。韓国のビジネスマナーについての内容が興味深いですし、私たち韓国人も気付かないビジネス文化についておもしろく上手に説明されています。本は日本のアイケーブリッジという学院で開発されて、そこで授業もしているようです。
チョ・ウニ： そうですか？　ちょっと本を見せてください。
アン・ドンハ： こちらです。この本でどのように授業をしているのか気になります。私たちもそのノウハウで留学生にビジネス韓国語の授業が提供できればと思います。
チョ・ウニ： おもしろそうですね。ホームページに連絡先が書いてあるでしょうから、いちどその学校に連絡をしてみてください。

### 공략포인트 攻略ポイント

#### 1. 商談へのステップ

**1) 取引先の選定**
　展示会、商談会、交流会、政府系や民間団体が公表する情報網、関係社からの紹介などあらゆる手段で取引先候補を見つけます。

**2) 情報交換の開始、ミーティングの打診**
　紹介者（業界団体、会社、個人など）を介して打診すると信頼度は増しますが、ホームページや会社資料に載っている問合せ先に直接アクセスをしてもいいでしょう。

【例】取引を打診する文章例（140 ページの本文の内容を元にしています）

> 아이 케이 브릿지 외국어학원 담당자 님
>
> 안녕하십니까? 처음 메일을 드립니다.
> 저는 한국에 있는 월드언어학원 신규개발부의 안동하입니다. 지난번 도쿄에서 열린 도서 전시회에서 귀사의 책을 보고 관심이 있어서 연락을 드렸습니다.
> 저희 학원은 한국인을 위한 언어 교육뿐만 아니라 외국인을 위한 한국어 교육에도 힘을 쏟고 있습니다.
> 요즘은 한국 문화 콘텐츠 영향으로 한국어를 배우러 오는 유학생들이 급증하고 있으며 대부분의 학생들이 귀국한 후에는 한국에 관한 일에 종사하고 싶어합니다. 그래서 저희 학원에서 비즈니스 한국어 교육의 필요성이 높아지고 있습니다.
> 그때 마침 귀사의 '비즈니스 한국어' 책을 보고 관심을 가지게 되었습니다. 귀사가 하는 수업 노하우를 도입할 수 있을지에 대해 논의하고 싶습니다.
> 앞으로 귀사와 좋은 비즈니스 파트너가 되었으면 합니다.

좋은 소식 기다리고 있겠습니다.
감사합니다.
안녕히 계십시오.

안동하 드림

---

アイケーブリッジ外語学院　担当者様

こんにちは。初めてメールいたします。
私は韓国のワールド言語学院、新規開発部のアン・ドンハです。先日東京で開かれたブックフェアで貴社の本を見て、関心をもち連絡いたしました。
当校は韓国人のための語学教育だけでなく、外国人のための韓国語教育にも力を入れています。最近は韓国文化コンテンツの影響で韓国語を学びに来る留学生が急増しており、大部分の学生たちが帰国後には韓国に関連した仕事に就きたがっています。したがって、当校でビジネス韓国語教育の必要性が高まっています。
ちょうどそんな折、貴社のビジネス韓国語の本である『シゴトの韓国語』を拝見し、関心をもちました。貴社で行う授業のノウハウを導入することができるかについてご相談させていただきたいです。
今後、貴社と良きビジネスパートナーになれれば、と思っております。
良いお返事をお待ちしております。
ありがとうございます。
さようなら。

アン・ドンハ　拝

**【例】** 上記の取引打診に対する返信例

월드언어학원 신규개발부 안동하 님

안녕하십니까?
아이 케이 브릿지 영업부 사루야마 다케시라고 합니다.
저희 학원 교육에 관심을 가져 주셔서 진심으로 감사드립니다.
한국 학원에서 저희의 비즈니스 한국어 수업을 하게 된다면야 저희 또한 영광입니다.
그전에 몇 가지 확인을 부탁드립니다.
먼저 저희 책은 일본 사람을 대상으로 만든 책이라서 일본어로 설명이 되어 있는데 책 내용은 그대로 사용하실 건지요? 아니면 다국어 유학생을 위해서 한국어로 번역을 하실 생각이신지요?
번역을 해서 귀사에서 출판하실 의향이 있으시면 책 출판사인 산슈샤에서 판권을 사셔야 합니다.
그 외 저희 학원의 오리지널 워크북이나 강사 교육 매뉴얼 등, 수업 노하우에 대해서는 저희가 정보를 제공해 드릴 수 있습니다.
다만, 강사 교육은 저희가 직접 맡았으면 합니다.

그럼, 연락을 기다리겠습니다.
좋은 하루 되십시오.

사루야마 다케시 드림

ワールド言語学院　新規開発部　アン・ドンハ　様

こんにちは。
アイケーブリッジ、営業部の猿山武志と申します。
当校の教育に関心をおもちくださり、誠にありがとうございます。
韓国の学院で私どものビジネス韓国語の授業が行なわれるならば、私たちにとっても光栄
です。
その前に、何点か確認をお願いします。
まず、私どもの本は日本人対象に作られた本で、日本語で説明がされていますが、本の内容
はそのまま使用されるのでしょうか？　それとも、多国籍の留学生のために翻訳されるお考
えでしょうか？
翻訳をし、貴社で出版される意向をお持ちでしたら、本の出版社である三修社から版権をお
買いにならなければなりません。
それ以外の、当校オリジナルのワークブックや講師教育マニュアルなど、授業のノウハウに
ついては私どもが情報を提供することができます。
ただし、講師の教育は私どもが直接担当したく存じます。

それでは、ご連絡をお待ちしています。
良い一日をお過ごしください。

猿山武志　拝

## 2. 商談の際によく使う韓国語

　以下は商談でよく用いる基本フレーズです。「日本人は曖昧な態度を取る」「本音を言わない」と思われがちです。誠意と思いやりはもちながらも、きっぱりした態度で交渉をしたいものです。

### 1) 相手の考えや主張に賛成したり、提案を受け入れるとき

맞습니다.　　その通りです。

괜찮습니다.　　大丈夫です。

문제 없습니다.　　問題ありません。

좋은 생각입니다.　　良い考えです。

괜찮을 것 같은데요.　　大丈夫だと思いますが。

저도 같은 생각입니다.　私も同じ考えです。

저도(저희도) 그렇게 생각합니다.　私(私ども)もそう思います。

그렇게 하시지요.　そうなさってください。

동의합니다.　同意します。

맞는 말씀이십니다.　そのとおりです。

그러시지요.　そういたしましょう。

말씀하신 대로 하시지요.　おっしゃるとおりにいたしましょう。

## 2) 相手の意見が聞きたいとき

그 건에 대해서 어떻게 생각하십니까?
その件についてどう思われますか。

○○ 사 (○○ 씨) 의 의견을 듣고 싶은데요.
○○社(○○さん)の意見を聞きたいのですが。

## 3) 相手の考えや主張に反対したり、提案を拒否するとき

음, 글쎄요.　う〜ん、そうですね。

물론 그렇기는 합니다만, 좀….
もちろんそうではありますが、ちょっと…。

기본적으로는 동의할 수 있는데요….
基本的には同意できますが…。

좋은 생각이라고 생각합니다만….
良い考えだとは思いますが…。

죄송합니다만 저희는 그렇게 생각하지 않습니다.
申し訳ありませんが、私どもはそう考えません。

저희들에게는 어렵습니다.　私どもには難しいです。

이 조건은 좀 힘듭니다. この条件は少し厳しいです。

검토는 해 보겠지만 좀 힘들지 않을까 싶습니다.
検討はしてみますが、ちょっと難しいような気がします。

저희들에게는 받아들이기가 어렵습니다.
私どもにとっては受け入れがたいです。

저희들은 그렇게 할 수가 없습니다.
私どもはそうすることができません。

저희도 더 이상은 양보할 수 없습니다.
私どももこれ以上は譲歩することができません。

### 4) 交換条件、お互いの譲歩を促すとき

다시 한번 검토해 주실 수 없으신지요?
もう一度ご検討いただくことはできませんでしょうか?

그럼, 서로 조금씩 양보를 하는 것이 어떠시겠습니까?
では、お互い少しずつ譲歩するのはいかがでしょうか?

원하신 대로 해 드릴 테니까 귀사도 이 부분을 다시 검토해 주셨으면 합니다.
ご希望どおりにいたしますので、貴社もこの部分をもう一度ご検討いただければと思います。

최대한 저희도 귀사에 손해가 가지 않도록 배려해 드릴 테니까 저희 쪽 조건을 한번 더 생각해 봐 주세요.
最大限私どもも貴社が損をしないよう配慮いたしますので、私どもの条件をもう一度お考えになってみてください。

이 정도면 그렇게 나쁘지 않은 조건인 것 같은데 한번 더 검토 부탁드려요.
この程度ならそれほど悪くない条件だと思いますので、もう一度ご検討お願いします。

## 5) 相手の言うことがよく理解できないとき

구체적으로 무슨 말씀이신지.　どのようなお話ですかね。

죄송하지만 다시 한번 말씀해 주시겠습니까?
申し訳ありませんが、もう一度おっしゃっていただけますか?

죄송하지만 좀 더 쉽게 말씀해 주시겠습니까?
申し訳ありませんが、もう少しわかりやすくおっしゃっていただけますか?

죄송하지만 자세히 말씀해 주시겠습니까?
申し訳ありませんが、詳しくおっしゃっていただけますか?

## 6) 返事を要求するとき

언제쯤 답을 받을 수 있을까요?　いつごろお返事をいただけますか?

언제 답을 주실 수 있으십니까?　いつお返事をくださいますか?

저희들에게는 시간이 없습니다.　私どもには時間がありません。

시간이 좀 빡빡한데요.　時間がぎりぎりなのですが。

다음 주까지 답신 부탁드립니다.　来週までにお返事をお願いします。

다음 주 중으로는 답신을 받았으면 합니다.
来週のうちには返事をいただければと思います。

가능한 한 빨리 연락을 주셨으면 좋겠습니다.
できるだけ早くご連絡をいただければ幸いです。

## 7) 即答できないとき

글쎄요. 한번 검토해 보겠습니다.
そうですね。いちど検討してみます。

사내에서 다시 한번 검토를 해 본 후 말씀드리겠습니다.
社内でもう一度検討をしてみたのち、申し上げます。

그 부분에 대해서는 저희 부서에 결정권이 없기 때문에

확인해 보고 연락드리겠습니다.
その部分については私どもの部署に決定権がないので、確認してご連絡いたします。

이 자리에서 바로 말씀드리기 어려우니까 추후 다시 연락을 드리도록 하겠습니다.
この場ですぐ申し上げるのは難しいので、後ほど改めてご連絡を差し上げます。

제가 판단할 수 있는 문제가 아니니까 일단 회사에 돌아가서 사장님께 말씀드려 보겠습니다.
私が判断できる問題ではないので、一度会社に持ち帰って社長にお話してみます。

### 練習

**1.** 本文の「アイケーブリッジ」と「ワールド言語学院」が考えている契約条件を見て、どのような話し合いが行われるか、〈会議例〉を参考に議論を交わしてみましょう。

| アイケーブリッジ側の要望、条件 | ワールド言語学院側の要望、条件 |
|---|---|
| ・ワークブックは、受講生のみに販売し、一般販売はしない<br><br>・ワークブックのデータ提供は行わない(日本語が書いてあるが、そのまま授業を行って欲しい)<br><br>・受講生へのワークブック一冊販売につき、20%をアイケーブリッジに支払う<br><br>・講師マニュアルを購入してもらう(価格は未定)。また、講師の研修を3カ月に一度行う。指導はアイケーブリッジが行う。研修にかかる費用(講師の渡航費、宿泊費)はワールド言語学院が負担する<br><br>・ワールド言語学院におけるビジネス韓国語授業一コマあたり、5,000円(税込)をアイケーブリッジに支払う | ・ワークブックのデータを購入する(価格は未定。日本語部分の翻訳が必要。翻訳はワールド側が行う)<br><br>・講師マニュアルは、無償提供をお願いしたい。講師研修は初回のみ行う。研修にかかる費用は、ワールド側が宿泊費のみ負担。渡航費はアイケーブリッジが負担することとする<br><br>・上記以外の費用は発生しないものとする |

〈会議例〉

CD2-43

> 아이 케이 브릿지 : 저희 학원 오리지널 워크북을 귀사 수강생에게만 판매한다는 조건이라면 기꺼이 정보를 공유해 드릴 수 있습니다. 그 대신 한 권당 판매가의 20%를 저희에게 지불해 주셨으면 합니다.
>
> 월드언어학원 : 네? 매번 한 권당 판매가 20%를 지불하는 건 좀 힘들 것 같은데요. 그럼 이렇게 하시지요. 저희가 워크북 데이터를 사도록 하겠습니다. 데이터 가격은 최대한 귀사의 요구에 충족시킬 수 있도록 하겠습니다.

CD2-44

> 월드언어학원 : 3개월에 1번씩 연수를 할 필요가 있을까요? 연수는 1번으로도 충분할 거 같은데요.
>
> 아이 케이 브릿지 : 워크북을 잘 활용하기 위해서는 교사 연수가 반드시 필요합니다. 저희도 투자하는 입장해서 약간의 손해가 있더라도 연수는 꼭 3개월에 1번씩 진행하는 방향으로 갔으면 합니다.
>
> 월드언어학원 : 그럼 서로 조금씩 양보해서 1년에 1번씩 연수를 가지는 건 어떠신지요? 그 외의 조건은 최대한 귀사의 요구에 맞춰 보도록 하겠습니다.

○韓国語で議論を交わしましょう。

**2.** 1の議論の結果を、〈契約例〉を参考にまとめましょう。

〈契約例〉

| 워크북 | ・데이터를 제공하지 않는다.<br>・번역 없이 아이 케이 브릿지에서 사용하고 있는 내용을 그대로 사용 한다.<br>・수강생만을 대상으로 판매한다.<br>(일반 시중판매는 불가)<br>・1 권 판매당 10%를 아이 케이 브릿지에 지불한다. |
|---|---|
| 강사 매뉴얼 | ・무상 제공 |
| 연수 | ・1 년에 1 번 실시한다.<br>・장소는 일본 아이 케이 브릿지, 한국 월드언어학원 중에서 택일, 원칙으로 교대로 개최한다. (첫 강의는 한국측에서 개최한다)<br>・항공비는 이동하는 쪽이 부담할 것.<br>숙박비와 그 외 연수에 필요한 비용은 주최측에서 부담한다. |
| 수업 | ・월드언어학원 수업수당 2,000엔 (세금 포함)을 아이 케이 브릿지에 지불한다. |
| 지불에 관한 보고 | ・매달 말에 월드언어학원측에서는 보고서 (워크북 판매부수, 수업수) 를 작성하여 아이 케이 브릿지에 보낸다. 다음 달 말까지 아이 케이 브릿지에 송금한다. |

○1の議論の結果を韓国語でまとめましょう。

| 워크북 | |
|---|---|
| 강사 매뉴얼 | |
| 연수 | |
| 수업 | |
| 지불에 관한 보고 | |

泉先生の
## ここがPoint!

### Point 1　できる、できないはハッキリと

　韓国人の知る日本語に、「ホンネ」「タテマエ」があります。これは、多くの韓国人が「日本人は面と向かって本音を言わない」と思っているということです。また、「日本人に'検討します''考えてみます'と言われたら、それは'NO'ということなんだ」と言っていた韓国人もいました。なんだか残念ですね。

　相手からのオファーを断ったり、拒否したりするのは少し辛いことですが、相手を尊重しながらも、できる、できないはハッキリと言った方がいいようです。

### Point 2　「早い」VS「遅い」、「大胆」VS「慎重」

　韓国人からよく聞く日本ビジネスの特徴の一つに「決定が遅い」ということがあります。これは、日本はチームで仕事を進め、個人はそれほど権限をもたない文化があることや、失敗を恐れるがために慎重すぎて一歩を踏み出すのが遅くなるという理由もあるでしょう。

　韓国はその逆で、決定は割と早く、何をやるにも「やってみないとわからない」と、まず推し進めるという傾向があります。

　どちらにも長所、短所があります。それぞれの長所を活かし、日韓企業が協力して国内だけでは為し得ない意義ある取引ができるといいですね。

### Point 3　国際取引の契約書

　実際の契約の際は、日本語、韓国語双方の契約書を作ったり、また英語のみの契約書を用いたりします。使用言語、形式は会社によってさまざまです。

　日本語、韓国語双方の契約書を作成する場合、言語解釈の違いによるトラブルを避けるため、どちらが優先されるのか明確に定める条項を入れるのが一般的です。どちらの言語が優先されるかは、そのときの契約当事者の力関係によって変わります。

　契約には、日韓ビジネスのコンサルティング会社を通したり、国際取引に強い法律事務所の助けを借りたりすることもあります。

# 解答と日本語訳

# ◆第1章

**1.**
1. 께서
2. 께
3. 께서도
4. 모시고
5. 께서는
6. 댁

[日本語訳]
1. 社長が営業実績を報告するようにとおっしゃいました。
2. 決済が降りれば課長にすぐ書類をお送りいたします。
3. 私はどっちみち今日残業をしないといけなさそうですが、チーム長も今日残業ですか?
4. 取引先のお客様をお連れし、製造工場を訪問しました。
5. 部長はどれくらい(お酒を)お飲みになりますか?
6. お宅までお送りいたします。

**2.**
1. 과장님, 언제 식사하셨어요?
2. 지금부터 저희 사장님께서 말씀하실 거예요.
3. 실례지만, 성함이 어떻게 되십니까?
4. 약주 한잔 받으세요.
5. 남편분 (부군, 바깥어른)께서는 잘 지내세요?
6. 송년회에는 사장님 아드님, 따님, 자녀 (분)들이 다 오셨어요.

[日本語訳]
[例] お歳はおいくつですか?
1. 課長、いつお食事されましたか?
2. いまから私どもの社長が話されると思います。
3. 失礼ですが、お名前は何とおっしゃいますか?
4. お酒を一杯どうぞ。
5. ご主人はお元気ですか?
6. 忘年会には社長の息子さん、娘さん、お子様たちがみなさんいらっしゃいました。

**3.**
1. 할머니께는 인삼차를 드리세요.
2. 나중에 전화드릴게요.
3. 언제 뵐 수 있을까요?
4. 그럼, 10시에 찾아뵙겠습니다.

5. 차장님께 제가 한번 여쭤 보겠습니다.
6. 연말 결산을 보고드리고 싶은데요, 지금 괜찮으십니까?

［日本語訳］
［例］私がいたしましょうか？

**1.** おばあさんには人参茶を差し上げてください。
**2.** 後でお電話いたします。
**3.** いつお目にかかれるでしょうか？
**4.** では、10時にご訪問いたします。
**5.** 次長に私が一度お尋ねします。
**6.** 年末決算をご報告したいのですが、今大丈夫でいらっしゃいますか？

# ◆第2章

## 1.

1. 가) 이서연　　　2. 나) 안동하　　　3. 가) 김성은
4. 가) 최연희　　　5. 나) 백동혁　　　6. 가) 박영림

## 2.

1. 김유진　　서민식　　　2. 정성호
3. 구지훈　　이진우　　　4. 김현우　　현우　　연우
5. 엄창혁　　윤현정　　　6. 박미숙(방 [方] 미숙)

［日本語訳］
**1.** キム・ユジンさんとソ・ミンシクさんは新入社員ですか？
**2.** 大韓商事のチョン・ソンホ部長が電話してくださいとのことです。
**3.** ク・ジフンさんとイ・ジヌさんは我が社の営業を代表するメンバーです。
**4.** A：キム・ヒョヌさんが結婚されるそうですね。
　　B：いいえ、ヒョヌさんではなくて、ヨヌさんです。
**5.** オム・チャンヒョク社長がユン・ヒョンジョン常務と一緒にいらっしゃいます。
**6.** 現場に出ているKBSパク・ミスク（パン・ミスク）記者を呼んでみたいと思います。

## 3.

［例］［日本語訳］
―ジン（진）、ヒ（희）さんで合っていますか？
―ジン（진）、イ（이）さんですか？

―「希望」というときの「ヒ (희)」の字ですか?
―「理由」というときの「イ (이)」の字ですか?

[解答例と日本語訳]

1. 성이 '임'입니까? '이'입니까?
   姓は「イム (임)」ですか?「イ (이)」ですか?

   미음받침입니까?
   ミウム (ㅁ) パッチムですか?

   '주임/책임/모임' 할 때 '임' 자입니까?
   「主任/責任/集まり」というときの「イム (임)」の字ですか?

   '이사/이유/숫자 이' 할 때 '이' 자입니까?
   「引っ越し/理由/数字の2」というときの「イ (이)」の字ですか?

   '이병헌'의 '이' 자입니까?
   「イ・ビョンホン」の「李」の字ですか?

2. 성이 '신'입니까? '심'입니까?
   姓は「シン (신)」ですか?「シム (심)」ですか?

   니은받침입니까? 미음받침입니까?
   ニウン (ㄴ) パッチムですか? ミウム (ㅁ) パッチムですか?

   '신문/신발/최신' 할 때 '신' 자입니까?
   「新聞/靴/最新」というときの「シン (신)」の字ですか?

   '심리/점심/중심' 할 때 '심' 자입니까?
   「心理/昼食/中心」というときの「シム (심)」の字ですか?

   마음 '심' 자 입니까?
   「心」の「シム (심/心)」の字ですか?

3. 성이 '전'입니까? '천'입니까?
   姓は「チョン (전)」ですか?「チョン (천)」ですか?

   '전화/전라도/운전' 할 때 '전' 자입니까?
   「電話/全羅道/運転」というときの「チョン (전)」の字ですか?

   '천국/추천/숫자 천' 할 때 '천' 자입니까?
   「天国/推薦/数字の千」というときの「チョン (천))の字ですか?

   밭 '전' 자입니까? 하늘 '천' 자입니까?
   「田んぼ」の「チョン (전/田)」の字ですか?「空」の「チョン (천/天)」の字」ですか?

4. 서울의 '서' 자에 기역받침입니까?
   「ソウル」の「ソ (서)」の字にキヨク (ㄱ) パッチムですか?

   수요일의 '수' 자에 기역받침입니까?
   「水曜日」の「ス (수)」の字にキヨク (ㄱ) パッチムですか?

'석사/추석/참석' 할 때 '석' 자입니까?
「修士/中秋の名月/参席」というときの「ソク(석)」の字ですか?

'숙제/숙박/하숙' 할 때 '숙' 자입니까?
「宿題/宿泊/下宿」というときの「スク(숙)」の字ですか?

5. '니은' 받침입니까? 이응받침입니까?
ニウン(ㄴ)パッチムですか?イウン(ㅇ)パッチムですか?

'연락/연구/연말' 할 때 '연' 자입니까?
「連絡/研究/年末」というときの「ヨン(연)」の字ですか?)

'영어/영화/영국' 할 때 '영' 자입니까?
「英語/映画/イギリス」というときの「ヨン(영)」の字ですか?

**4.**

안녕하십니까? 오늘 진행을 맡은 허인이라고 합니다. 오늘은 주식회사 CM의 홍순화 사장님과 김기열 부사장님을 모시고 한국 대중문화에 대한 이야기를 들어 보겠습니다.

[日本語訳]
こんにちは。本日進行を務めさせていただきますホ・インと申します。本日は株式会社シー・エムのホン・スヌァ社長とキム・ギヨル部長をお迎えし、韓国の大衆文化についてのお話を伺います。

# ◆第3章

## 1.

1. 공구공의 팔팔구사의 이이일구〔공구공에 팔팔구사에 이이일구〕
2. 공이의 이이팔일의 오일오육〔공이에 이이파리레 오이로륙〕
3. 공일구의 삼이이의 구사육칠〔공일구에 사미이에 구사륙칠〕
4. 백십일만천 원〔백씨빌만처눤〕
5. 칠백이십만구백팔십 엔〔칠배기십만구백팔씨벤〕

## 2.

1.  1    140      2.  10              3.  2    2.3
4.  50            5.  0.5    2        6.  19    1

[日本語訳]
**1.** 今日のガソリン価格は1リットルあたり、140円です。

2. 今週のロト6当選金額は、10億円とのことです。
3. 第2四半期の営業利益が前四半期に対し、2.3%減少しました。
4. 世界の話題の人物50位に社長が紹介されました。
5. 海上の波の高さは0.5メートルから2メートルまで達するでしょう。
6. 公務員の志願者が19対1（19倍）と、昨年に比べ高い競争率となった。

## 3.

1. 12 (열두)　　　　　　　　2. 20 (스무)
3. 10 (열)　　7 (일곱)　　　4. 30 (서른)　　3 (세)
5. 2 (두)　　　　　　　　　6. 58 (쉰 여덟)

[日本語訳]
1. 会議の資料を12部準備していただけますか？
2. 20回訪問して、やっと契約を結ぶことができました。
3. 10世帯中、7世帯が南向きに配置され、風通しがとても良いです。
4. 転職をしようと30カ所以上に履歴書を送ったのですが、3カ所からのみ連絡がありました（3カ所からしか連絡がありませんでした）。
5. 景気の停滞にも関わらず、エコ製品の市場規模が2倍以上成長した。
6. 社長のお歳は58歳でいらっしゃるとのことです。

# ◆第4章

## 1.

1. saruyama-takeshi@yahoo.co.jp
2. 홈페이지 주소　　www.ikbridge.co.jp
3. 아이디　　Yhlee4589@gmail.com
4. 알파벳　　SangWon Lee
5. GwanMo Koo　　파일

[日本語訳]
1. saruyama-takeshi@yahoo.co.jpに連絡をくださいますようお願い申し上げます。
2. 弊社のホームページのURLは、www.ikbridge.co.jpです。
3. IDは、Yhlee4589@gmail.comです。いちばん最初の文字だけ大文字で、あとは小文字です。
4. 私の名前はイ・サンウォンと申しまして、英語のアルファベットは**SangWon Lee**です。
5. **GwanMo Koo**あてにファイルをお送りいただければ大丈夫です。

**2.**
1. 스케줄　　　2. 디자인　　　샘플
3. 유머　　　　4. 맨투맨

[日本語訳]
1. 社長のスケジュールに合わせ、調節してみます。
2. 今回デザインしたサンプルですが、反応がとてもいいです。
3. 私どもの社長はユーモアがおありな方です。
4. 今日、アメリカの先生とマンツーマンの英語の授業があります。

# ◆第5章

**1.**
1. 누구시라고 말씀드릴까요? (전해 드릴까요?)
2. 무슨 일로 전화하셨습니까?
3. 휴가 중이셔서 이번 주 내내 회사에 안 오십니다. (안 계십니다.)
4. 거래처 방문 후에 바로 퇴근하실 겁니다.
5. 돌아오시는 대로 전화해 달라고 전해 주시겠습니까?

**2.**
1. 감사합니다.　　　2. 안녕하십니까?　　　3. 계십니까?
4. 지금 자리에 안 계십니다.　　　5. 언제쯤 돌아오십니까?
6. 돌아오실 겁니다.　　　7. 전해 드릴 말씀이라도 있으십니까?
8. 전화 왔었다고 전해 주십시오.
9. 알겠습니다.

[日本語訳]
A：ありがとうございます。サムチャン物産です。
B：こんにちは。ABC株式会社のアン・イッカァンです。
　　パク・トンソク部長はいらっしゃいますか？
A：ただいま席にいらっしゃいません。
B：いつごろお戻りになられますか？
A：3時ごろには戻られると思います。お伝えすることなどございますか？
B：では、猿山から電話があったとお伝えください。
A：はい、わかりました。

## 3.

[状況の日本語訳]

| アン・ジョンミン社長<br>会議中<br>状況：1時間ほどかかる模様 | ソ・ジョング専務<br>在席 | チェ・ミンシク常務<br>外出中[外勤中]<br>状況：14時に帰社予定 |
|---|---|---|
| パク・ウナ部長<br>不在<br>状況：化粧室か？<br>　　　すぐ戻ってきそう | キム・ヨンス課長<br>有給休暇<br>状況：明日は出勤予定 | キム・スミ代理<br>電話中<br>状況：かなり掛かりそうな雰囲気 |

[会話例の日本語訳]

A：ありがとうございます。韓国システムの_____です。
B：こんにちは。アイケーブリッジの_____です。キム・スミ代理は席にいらっしゃいますか？
A：申し訳ありません。ただいま電話中です。当分かかりそうですが…。
B：では、改めてご連絡致します。
A：メモをお残しいたしましょうか？
B：いいえ、大丈夫です。
A：わかりました。ありがとうございます。
B：はい、さようなら。

[解答例]

〈최민식 상무 (チェ・ミンシク常務)〉

B：최민식 상무님 자리에 계십니까?
A：죄송합니다. 지금 외근 중이십니다.
B：그렇군요. 그럼 언제쯤 돌아오십니까?
A：아마 2시쯤에 회사에 돌아오실 겁니다.
B：그럼 돌아오시는 대로 스즈키한테 전화 달라고 전해 주시겠습니까?
A：네, 돌아오시는 대로 전화드리라고 하겠습니다.

B：チェ・ミンシク常務は席にいらっしゃいますか？
A：申し訳ありません。ただいま外出中[外勤中]です。
B：そうなんですね。では、いつごろお戻りになられますか？
A：おそらく2時ごろ会社に戻られると思います。

B: では、戻られたらすぐ鈴木に電話をくださいとお伝えいただけますか?
A: はい、戻られたらすぐお電話差し上げるよう伝えます。

〈박은아 부장 (パク・ウナ部長)〉
B: 수고 많으십니다. 박은아 부장님 계십니까?
A: 죄송합니다. 지금 잠깐 자리를 비우셨습니다.
B: 언제쯤 돌아오십니까?
A: 사내에는 계시니까 금방 돌아오실 것 같습니다. 메모를 남기시겠습니까?
B: 아니요, 괜찮습니다. 그럼 제가 1시간 후에 다시 전화드리겠습니다.

B: お疲れ様です。パク・ウナ部長、いらっしゃいますか?
A: 申し訳ありません。ただいま少し席をはずされています。
B: いつごろお戻りになられますか?
A: 社内にはいらっしゃるので、まもなく戻られると思います。メモをお残しになりますか?
B: いいえ、大丈夫です。では、私が1時間後に改めてお電話いたします。

# ◆第6章

**1.**
1. 수미 씨가 이건 우리 회사 제품이 아니라고 했어요. (아니랍니다./아니래요.)
2. 손님이 본사는 어디냐고 하셨습니다. (어디냡니다./어디내요.)
3. 신입사원인 홍기준 씨가 맥주를 잘 마신다고 했어요. (마신답니다./마신대요.)
4. 회장님이 요즘 어떤 것이 잘 팔리냐고 하셨습니다. (팔리냡니다./팔리냬요.)
5. 사장님이 망설이지 말고 빨리 결정하라고 하셨습니다. (결정하랍니다./결정하래요.)
6. 김 과장님이 오늘은 아침까지 마시고 죽자고 하셔서 (죽재서) 걱정이에요.
7. 박 부장님이 다음에는 대접하겠다고 하셨습니다. (대접하겠답니다./대접하겠대요.)
8. 1시간 정도라면 괜찮다고 하시는데 (괜찮다는데) 어떻게 하

시겠어요?

[日本語訳]
1. スミさんが、これは我が社の商品でないと言っていました。（ないとのことです。）
2. お客様が、本社はどこかとおっしゃっていました。（どこかとのことです。）
3. 新入社員のホン・キジュンさんが、ビールをよく飲むと言っていました。（飲むとのことです。）
4. 会長が、最近はどんなものがよく売れるのかとおっしゃっていました。（売れるのかとのことです。）
5. 社長が、ちゅうちょしていないで早く決めるようにとおっしゃっていました。（決めるようにとのことです。）
6. キム課長が、今日は朝まで飲んで死のうとおっしゃるので（死のうとのことで）心配です。
7. パク部長が、次はごちそうするとおっしゃっていました（ごちそうするとのことです）。
8. 1時間程度なら大丈夫だとおっしゃっているのですが（大丈夫とのことですが）、どういたしましょうか？

## 2.

1. 사장님이 태원 씨에게 술을 따라 주라고 하십니다. (따라 주랍니다./따라 주래요.)
2. 이사님이 바로 한국 상사의 견적서를 보내 달라고 하셨어요. (보내 달랍니다./보내 달래요.)
3. 부장님이 오늘 회의 시간 변경을 강 차장님한테 전해 달라고 하셔서 (전해 달래서) 전화드렸습니다.
4. 사장님이 신입사원들을 신경 써서 잘 가르쳐 주라고 신신당부하셨어요.
5. 과장님이 오늘 중으로 제안서를 달라고 하시는데 (달라는데) 못 할 것 같습니다.

[日本語訳]
1. 社長が、テウォンさんにお酒を注いであげてとおっしゃっています。（注いであげてとのことです。）
2. 理事が、すぐに韓国商事に見積書を送ってほしいとおっしゃっていました。（送ってほしいとのことです。）
3. 部長が、今日の会議の時間が変更になったことを、カン次長に伝えてほしいとおっしゃられたので（伝えてほしいとのことで）、お電話いたしました。
4. 社長が、新入社員には気を配りながらよく教えてあげるようにと、何度も念を押されていました。
5. 課長が、今日中に提案書をくださいとおっしゃるのですが（くださいとのことですが）、できそ

うにありません。

## 3.
보내 달라고 하셨습니다
작성해 달라고 하셨습니다
됐냐고 물어보라고

[日本語訳]
次長、キム・スミです。韓国商事のイ部長から電話があり、サンプルと見積書を早く送ってほしいとおっしゃっていました。パク理事に申し上げたところ、次長に電話をして見積書を早く作成してほしいとおっしゃっていました。それから理事は私に工場に電話をして、サンプルの準備ができたか聞くようにとおっしゃったので、サンプルについては私が電話をするようにいたします。

# ◆第7章
メールの宛名、書き出し文、挨拶文、結び文などはすべて省略されています。

### 1. 資料請求のメール

[解答例]
지금까지 해외기업과의 거래 사례는 어느 정도 되시는지요?
번거롭게 해 드려서 죄송하지만 가능한 구체적으로 가르쳐 주셨으면 합니다.

[日本語訳]
これまでの海外企業との取引例はどのくらいおありでしょうか。
面倒をおかけし申し訳ございませんが、できるだけ具体的に教えていただければと思います。

### 2. ミーティング要請のメール

[解答例]
저희 회사 사장님께서 귀사와의 미팅을 원하고 계십니다.
지난번에 일본에 직접 오셔서 귀사의 상품 소개를 해 주실 수 있다고 하셨는데 언제쯤 가능하신지요?
저희는 5월 중순 이후라면 언제든지 가능할 것 같습니다.
일본에 오시는 날짜가 정해지면 미리 말씀해 주시기 바랍니다.

[日本語訳]
弊社社長が貴社とのミーティングを希望されています。

先日、日本にお越しになって直接帰社の商品紹介をしてくださるとおっしゃられていましたが、いつごろ可能でしょうか？
私どもは５月中旬以降なら、いつでも可能かと思われます。
日本にいらっしゃる日程が決まりましたら前もっておっしゃっていただければ幸いです。

### 3. 断りのメール

[解答例]
귀사 제품에 관심은 있었지만 저희 회사 설비 투자 예산이 삭감되는 바람에 도입이 불가능하게 되었습니다. 양해 부탁드립니다.

[日本語訳]
貴社の製品に関心はありましたが、弊社の設備投資の予算が削減されてしまい、導入が不可能になりました。ご理解くださいますようお願い申し上げます。

### 4. 価格交渉のメール

[解答例]
지난번 전시회 때 시스템A 가격이 280만원이라고 하셨는데 새로 받은 첨부 파일의 신가격표에는 300만원이라고 되어 있습니다. 전시회 때 말씀하신 가격으로 다시 조정을 해 주셨으면 합니다.

[日本語訳]
先日の展示会の際、システムAの価格は280万ウォンだとおっしゃっていましたが、新たに頂戴した添付ファイルの新価格表には300万ウォンとなっています。再度、展示会の際におっしゃっていた価格でもう一度調整していただければと思います。

### 5. 注文のメール

[解答例]
연락이 늦어 죄송합니다. 드디어 부장님의 허가가 떨어져 귀사 제품을 바로 주문하고 싶습니다.
먼저 샘플 상품을 주문하고 싶사오니 청구서를 보내 주시고 지불 방법에 대해 알려 주셨으면 합니다.
그리고 가능한 납기일을 서둘러서 늦어도 이번 달 말까지는 해 주셨으면 하는데 가능한지요？

[日本語訳]
ご連絡が遅くなり申し訳ありません。やっと部長の許可が下りましたので、貴社の製品をすぐに注文したいです。
まず、サンプル商品（トライアルパッケージ）を注文したいので、請求書をお送りください、支払い方法についてお知らせいただければと思います。
また、できるかぎり納期日を急いでいただき、遅くても今月末までにはお手続きいただければと思いますが、可能でしょうか？

# ◆第8章

メールのあて名、書き出し文、挨拶文、結び文などはすべて省略されています。

**1.** おもてなしへのお礼

[解答例]
한국에서는 여러모로 대접해 주셔서 진심으로 감사드립니다.
처음 먹은 한국 궁중요리는 정말 맛있었습니다.
그리고 바쁘신 와중에 공항까지 배웅해 주신 것에 대해서도 감사하게 생각합니다.
일본에 오실 때는 저희가 모시겠사오니 꼭 한번 오십시오.

[日本語訳]
韓国ではいろいろとお持てなしくださり、誠にありがとうございます。
初めて食べた韓国の宮廷料理は、本当においしかったです。
また、お忙しい中空港までお送りくださったことに対しても感謝しております。
日本にいらっしゃる際は、私どもがおもてなしいたしますので、ぜひ一度いらしてください。

**2.** 社名変更、住所・電話番号変更のお知らせ

[解答例]
귀사의 발전과 번영을 기원합니다.
주식회사 일본 소프트웨어와의 합병으로 회사 사명 등을 변경하게 되었습니다.
새로운 사명, 주소 및 전화번호는 아래와 같습니다.
앞으로 더욱 신뢰 받는 기업이 되도록 최선을 다하겠습니다.
　　　　　　다음
회사명: 주식회사 일본 소프트웨어
변경일자: 2013년 4월1일

주소: 〒105-0001 도쿄도 미나토구 도라노몬 1-x-x
전화번호: 81-3-5157-xxxx
팩스번호: 81-3-5157-xxxx

［日本語訳］
貴社の発展と繁栄を祈念いたします。
株式会社日本ソフトウェアとの合併により、会社の社名等を変更することになりました。
新社名、住所及び電話番号は以下の通りです。
今後もより信頼をお寄せいただける企業となるよう最善を尽くして参ります。
会社名：株式会社日本ソフトウエア
変更日：2013年4月1日
（住所、電話番号等は92ページ参照）

**3.** 人事異動により、新たに担当者になったあいさつ
［解答例］
회사 내 인사이동에 의해 새롭게 영업부 부장을 맡게 된 마츠하시 미유키라고 합니다.
부족한 점이 많겠지만 앞으로도 변함없이 잘 부탁드립니다.

［日本語訳］
社内の人事異動により、新たに営業部の部長の任を受けました松橋美幸と申します。
至らない点が多いかと思いますが、今後とも引き続きよろしくお願い申し上げます。

## ◆第9章

**1.**
1. ①　　2. ②　　3. ②

［問題文の日本語訳］
**1.** 石橋を叩いて渡る
　① 確実なことでも、もう一度確認をしないといけない。
　② 川を渡るときはいつも注意しないといけない。
　③ 何かをするときは、まず始めてみることが大切だ。
**2.** 牛の角も熱いうちに抜け
　① 牛の角のように硬い道具を使用しないといけない。
　② 機会が生じたときに逃さずすばやく行え。

③ 何かをするときは、深く考えた後に行え。

3. 井戸を掘るにしても一つの井戸を掘れ
① 一つのことにこだわらず、広い視野を持つべきだ。
② 何ごとも一つのことに集中してねばり強く行えば成功する。
③ 井戸を掘るような大変なことも、力を合わせれば成し遂げられる。

## 2.
1. ①　　2. ①　　3. ③

［問題文の日本語訳］

1. 耳にたこができる
① 聞くのがいやになるほど何回もおなじことを聞く。
② 他人の言葉を簡単に信じる。
③ 何でも悪く捉えてしまう。

2. 顔が広い
① 知人が多い。
② 行く場所がとても多い。
③ 住まいが広い。

3. 呼吸が合う
① 服のサイズが似ている。
② 一緒に仕事をするのが難しい。
③ 考えや行動がお互い一致する。

## 3.
1. 엎질러진 물　　2. 울며 겨자 먹기　　3. 수박 겉 핥기
4. 하늘의 별 따기　　5. 싼 게 비지떡

［日本語訳］

1. 一度してしまった失敗は後悔しても無駄である。もう、覆水盆に返らずだ。
2. 約束があったのに社長が突然会食をしようと言い、泣きながらカラシを食べて約束をキャンセルしました。
3. こんなでたらめな資料でミーティングしたらスイカの皮を舐めるように終わってしまう可能性があるので、もう一度作ってみてください。
4. その会社に入るのは、空の星取りと聞きましたけれど、すごいですね。
5. 安物買いの銭失いといいますから、いまは少し無理をしてでも、高い方を選んだらどうでしょうか。

## 4.
1. 거울로 삼아서    2. 매듭을 짓고    3. 불티나게
4. 못을 박아야    5. 굴뚝 같지만

[日本語訳]
1. 今回の失敗を教訓にしてもう少し緻密な計画を立てなければいけません。
2. 早くけりをつけてさっといきましょう。
3. 猛暑が続き、アイスクリームや飲料水などが飛ぶように売れています。
4. 会議中には携帯電話の電源を切るようにと、必ず釘を刺さなければなりません。
5. 転職したい気持ちは山々ですが、不景気なので会社は人を採りません。

# ◆第11章

## 1.

例）　日本語訳
※　調査日 2019年3月14日
会社名：株式会社時事日本語社
【会社概要】
設立：1977年
会長：チョン・ヨンレ
代表取締役：オム・ホヨル
日本語教材の専門出版社として40年以上の歴史をもち、傘下の日本語学院は韓国最大の規模を誇る。
【業務内容】
日本語、中国語、韓国語、英語などの教材出版及び、日本語、中国語の学院運営、オンライン教育サイトの運営を行っている。
【主要商品、サービス】
自社開発の教材や、ライセンスを持つ日本や中国の主要教材が、大学をはじめとした各種教育機関で使用されている。日本語学校としても知名度が高く、開設班も豊富で、日本語初級班をはじめ、JLPT（日本語能力試験）／EJU（日本留学試験）／観光通訳案内士等の試験準備班、ビジネス会話班、日本人会話班、ドラマ視聴班、e-learning講座などがある。その他、ソウルの新村では「ハングルパーク」という韓国語学習教材専門書店を運営している。
【将来性、展望】
韓国市場の日本語教育分野においては安定的な地位を確保していると思われ、日本語教育のみならず、中国語、韓国語、英語教育にも注力し、韓国のグローバル化に沿った経営を行っているため、時事日本社の将来性は期待できる。

[解答、日本語訳]

※ 調査日_____年___月___日

試験名：한국어능력시험（韓国語能力試験）
【試験の概要】
・沿革：1997年 第一回を施行
・受検対象：韓国語を母国語としない재외동포（在外韓国人）及び외국인（外国人）
・主管機関：국립국제교육원（国立国際教育院）（http://www.topik.go.kr/）
・施行時期：年間 国内全6回実施
【試験の内容】
獲得した종합점수（総合得点）を基準とし、判定する。
TOPIK Ⅰ（総合得点　200点満点）
　1級　　　80点以上
　2級　　　140点以上
　分野　듣기（聞くこと）、읽기（読むこと）
TOPIK Ⅱ（総合得点　300点満点）
　3級　　　120점 이상
　4級　　　150점 이상
　5級　　　180점 이상
　6級　　　230점 이상
　分野　듣기（聞くこと）、쓰기（書くこと）、읽기（読むこと）
・等級別評価規準

| 等級 | | 評価規準 |
| --- | --- | --- |
| 초（初）級 | 1級 | 기초적인（基礎的な）言語機能の遂行、사적이고 친숙한（私的で親しみやすい）話題を理解 |
| | 2級 | 일상생활（日常生活）、공공시설（公共施設）利用に必要な機能の遂行 |
| 중（中）級 | 3級 | 일상생활（日常生活）に不便を感じず、多様な공공시설（公共施設）の利用と社会的関係維持に必要な言語機能の遂行 |
| | 4級 | 공공시설（公共施設）利用と社会的関係維持、一般的な업무 수행（業務遂行）に必要な基本的言語機能の遂行 |
| 고（高）級 | 5級 | 전문 분야（専門分野）での研究や업무 수행（業務遂行）に必要な言語機能をある程度遂行 |
| | 6級 | 모든 분야（すべての分野）の言語機能を正確且つ流暢に遂行 |

# ◆第12章

**1.**

1.「숙면베개 – 라쿠라쿠」

　아침에 눈을 떠도 상쾌하지 않거나 피로가 풀리지 않는 그런 분들께서는 '숙면베개 – 라쿠라쿠'를 한번 사용해 보십시오. 목에 딱 맞는 독창적인 디자인으로 혈액순환이 잘 되어 쾌적한 수면을 보장합니다. 일주일간 무료로 체험하실 수 있습니다. 반품도 가능합니다. 전화번호는 1120-999-8383입니다. 지금 바로 연락주십시오.

（「らくらく」は、商品名なので「라쿠라쿠」と訳していますが、個人的にプレゼントをするときなどは「푹신푹신（ふかふか→安眠を連想させる擬態語）」というふうに訳したり、補足をしてあげたりと、韓国人に分かりやすいよう工夫するのも方法の一つです。）

2.「주식회사 웹사이트 라보 회사소개」

　여러분, 안녕하세요. 주식회사 웹사이트 라보의 대표이사인 마츠바라 미유키입니다. 저희 회사는 후쿠오카 현 후쿠오카 시에서 기업의 웹사이트 기획, 운영, 제작을 맡고 있습니다. 지금까지 여러 업종의 홈페이지를 직접 제작해 왔습니다만 주로 음식업계 손님들과 거래를 많이 하고 있습니다. 요즘은 일본어뿐만 아니라 한국어, 중국어 웹사이트 제작 의뢰도 늘어나고 있습니다. 제작에 있어서는 한국인, 중국인 직원을 직접 채용하여 페이지 디자인, 번역 방법을 고안하면서 각 나라의 취향에 맞는 페이지 제작을 목표로 하고 있습니다. 저희 회사 이념은「고객을 부르는 웹사이트 만들기」입니다. SEO대책도 맡겨주십시오. 여러분들의 많은 이용을 부탁드립니다.

**2.**

1.「百貨店　9月の販売高伸び悩む」

　中秋の名月を迎え名節の特需を狙っていた百貨店の売り上げが、予想ほど伸びないことがわかりました。大手百貨店によると、例年に比べ今年の売り上げは半額くらいに落ち込んだことが明らかになりました。例年より早い中秋の名月のため特需期間が短くなったこと、景気停滞により消費心理が滞り、百貨店側の期待通りにはいかなかったという分析です。

2.「'シングル族'を狙ったワンタッチ炊飯器」

　炊飯器でご飯を炊くたびにいつもご飯の量が多く、長い間保温状態にしておくみなさん、時間がかかるためレトルトご飯で食事を済ましているみなさん、ご飯を作るのが面倒くさくてつい食事を

抜いてしまう方は多いでしょう。そんなみなさんに私どものワンタッチ炊飯器をご紹介いたします。１～２人用のミニ炊飯器で、複雑な機能はなく、ボタン一つだけ押せば毎回すぐに、簡単で、ほかほかのご飯を一杯ずつ炊いて食べることができます。また、内釜の取り外しができ、耐熱性も優れているのでご飯だけでなく、蒸しものやチゲなど、様々な料理も簡単にサッと作ることができます。

そのうえ、電気料金も大型炊飯器に比べ半分ほど節約できる優れものです。最大限までお値下げをした特別価格で自信を持って皆さんにご紹介いたします。

## 3.

**1.**「일본의 조선업계, 친환경 기술에서 반격을 도모」

이전에 세계 제일을 자랑하던 일본 조선업계는 한국, 중국세력의 진출로 점점 자취를 감추고 있습니다. 하지만 일본의 독자적인 에너지 절약 기술을 이용한 선박 –「친환경 선박」은 등 다방면으로 기대를 모으고 있습니다. 일본 조선업계가 다시 일어서는 기회가 될 수 있을까요?

먼저, A사는 배 바닥에 공기를 불어넣어 선박의 본체와 바다 사이에 공기 층을 만듦으로써 물과 배의 마찰을 줄이고 연비 향상을 목표로 하고 있습니다. 또한 B사는 프로펠러를 저속적으로 회전시킴으로써 저연비를 실현하고 있습니다. 그리고 C사는 하이브리드 시스템 개발을 추진하고 있습니다.

이와 같이 각 회사들이 다양한 친환경 기술을 구사하여 저연비 선박 개발에 힘을 쏟고 있습니다.

**2.**「ソウル総合展示場　40年ぶりの変身」

ソウル総合展示場は去る1973年に韓国初の総合展示場として開館して以来、数多くの国際的規模の会議や展示会を開催、主幹してきた国際会議、展示の専門施設です。

年間150回以上の専門展示会やコンベンション、特別行事を開催しているソウル総合展示場は小規模会議から各国の首脳会談、超大型の国際会議まで遂行することができる様々な会議場と大型展示場など、国内最高の会議および展示施設を備えています。

すべての会議展示場には最先端の同時通訳システム、AVシステムと照明、電気、通信などのあらゆる設備が完璧に設置されています。

2012年6月に新しい姿に生まれ変わったソウル総合展示場は名実共に展示、コンベンション産業のメッカとして、全世界を舞台により積極的に、そして意欲的に事業を展開していきます。

# ◆第13章

## 1.
<会議例>　日本語訳

アイケーブリッジ：当校のオリジナルワークブックを貴社の受講生にのみ販売するという条件であれば喜んで情報を共有させていただくことができます。その変わり、一冊あたり販売価格の20％を私どもにお支払いいただければと思います。

ワールド言語学院：え？　毎回一冊あたりの販売価格の20％を支払うのはちょっと難しいと思いますが。では、こういたしましょう。私どもがワークブックのデータを購入します。データの価格は最大限貴社の要求に合わせるように致します。

ワールド言語学院：三ヵ月に一度研修をする必要があるでしょうか？　研修は一回でも充分だと思いますが。

アイケーブリッジ：ワークブックをうまく活用するためには講師の研修が必ず必要です。私どもも投資する立場から、若干の損害があったとしても研修は絶対に三ヵ月に一度行う方向でいければと思います。

ワールド言語学院：では、お互い少しずつ譲歩して、一年に一度ずつ研修を行うのはいかがでしょうか。それ以外の条件はできるだけ貴社の要求に合わせるように致します。

## 2.
<契約例>　日本語訳

| | |
|---|---|
| ワークブック | ・データは提供しない<br>・翻訳をせず、アイケーブリッジで使用している内容をそのまま使用する<br>・受講生のみを対象に販売する（一般発売は不許可）<br>・一冊販売につき、10％をアイケーブリッジに支払う |
| 講師マニュアル | ・無償提供 |
| 研修 | ・一年に一回実施する<br>・場所は日本のアイケーブリッジ、韓国のワールド言語学院のどちらかとし、原則として交代で開催する（初回はワールド側で開催する）<br>・航空費は移動側が負担すること<br>・宿泊費、その他研修に必要な費用は主催側で負担する |
| 授業 | ・ワールド言語学院の授業一コマあたり、2,000円（税込）をアイケーブリッジに支払う |
| 支払申告 | ・毎月末に、ワールド言語学院側が報告書（ワークブック販売部数、授業数）を作成し、アイケーブリッジに送る。翌月末までにアイケーブリッジに振り込む |

著者紹介

**幡野　泉**（はたの　いずみ）
早稲田大学第一文学部卒業。延世大学校韓国語学堂、同韓国語教師研修所第20期研修課程修了。コリアヘラルド新聞社「第33回外国人韓国語雄弁大会」にて最優秀賞・文化観光部長官賞、韓国雄弁人協会主催「第21回世界韓国語雄弁大会」にて国務総理賞受賞。現在、アイケーブリッジ外語学院代表および「All About 韓国語」ガイド。著書に『今日から使えるシゴトの韓国語』（アルク）、『リアルな日常表現が話せる！韓国語フレーズブック』（新星出版社）など、翻訳書に『無礼な人にNOという44のレッスン』（白水社）がある。

**李恩周**（イ・ウンジュ）
立命館大学、同大学院日本語教育学修士課程修了。文部省国費留学生。第17代京都府名誉友好大使。ヘッドハンティング会社、貿易会社勤務を経て、アイケーブリッジ外語学院では、ビジネス韓国語など様々なレッスンを担当。著書に『すぐに使える！韓国語日常フレーズBOOK』、『韓国語ビジュアル単語集』、『何でも韓国語で言ってみる！シンプル韓国語フレーズ1500』（以上、高橋書店）など多数。

## シゴトの韓国語　応用編

2013 年 2 月 15 日　第 1 刷発行
2023 年 3 月 30 日　第 4 刷発行

著　者――幡野泉
　　　　　李恩周

発行者――前田俊秀

発行所――株式会社　三修社
　　　　　〒 150-0001
　　　　　東京都渋谷区神宮前 2-2-22
　　　　　　TEL 03-3405-4511 / FAX 03-3405-4522
　　　　　振替 00190-9-72758
　　　　　https://www.sanshusha.co.jp/
　　　　　編集担当　永尾真理

編集協力――――小西明子
DTP　――――株式会社欧友社
イラスト――――おぐらきょうこ
印刷・製本――広研印刷株式会社

© 2013 Printed in Japan ISBN978-4-384-05669-3 C0087

JCOPY 〈出版者著作権管理機構　委託出版物〉

本書の無断複製は著作権法上での例外を除き禁じられています。複製される場合は、そのつど事前に、出版者著作権管理機構（電話 03-5244-5088 FAX 03-5244-5089 e-mail: info@jcopy.or.jp）の許諾を得てください。

●**音声ダウンロード・ストリーミング**
本書の付属 CD と同内容の音声がダウンロードならびにストリーミング再生でご利用いただけます。PC・スマートフォンで本書の音声ページにアクセスしてください。

https://www.sanshusha.co.jp/np/onsei/isbn/9784384056693/